Restart

再起は何度でもできる

中山雅史
Masashi Nakayama

PHP研究所

はじめに

皆さんがこの本を手にする頃、僕は、五十三歳を迎えている。

二〇二〇年の春は、新型コロナウイルスの影響で、サッカーがしたくてもできない、という状況になってしまった。日本代表から少年サッカーにいたるまで、試合はおろか、練習すらできない。しかも、日本だけでなく世界中がそうした状況に置かれてしまったのだ。

どんな環境や境遇でも、心を強くもち、前を向いて進んでいくしかない。

僕は、スタジアムに足を運んでくれたお客さんに心底楽しんでもらい、また来たいと思ってもらえるような試合ができるかどうかが勝負だと思っている。そして少しでも明日への活力になってほしいと願っている。選手にとっては毎週試合があったとしても、お客さんにとっては人生で初めてスタジアムの観客席で観る試合かもしれない。お客さんの心を動かすプレーをするために鍛え続けていくことが必要だ。

自分はまだまだ動ける、やれると思えるか。

家族からは、体調を心配するあまり「もうそろそろやめたら」などと、なかば呆《あき》れられながら言われることも増えてきた。

よく取材で「なんでそこまで現役にこだわるんですか?」って訊《き》かれるけれど、「なんでこだわらないいんですか?」と思う。

二〇〇九年十一月二十九日、ジュビロ磐田の退団セレモニーで「二〇××年いつかまた磐田で」と書かれた横断幕が掲げられたサポーター席に飛び込み、サポーターと一体となった。サポーターとより近い距離で一体感を得られるのがサッカーの魅力であり、いまだに諦《あきら》めきれない要因となっているのかもしれない。

「諦める」ために、いや、諦めるのではなく「明らかに究《きわ》める」ために、僕はトレーニングを続けている。

自分が究めたいと思うものがあるから、工夫するし、高い意欲をもち続けられる。これからもサッカーを究めるために、全力で取り組んでいきたい。

再起は何度でもできる

目次

第二章　逆算思考を鍛える

第三章

大一番に強いメンタル

第四章　ワールドカップ出場の先にあったもの

第五章 心も身体も折れた時、いかにリカバリーするか

第六章　技術と気持ちの持ち方をいかに教えるか

終章　プロとしてどう生きるべきか

特別対談

「身体と心」について山中伸弥先生に訊いてみた

＊本文中、敬称略とさせていただいた箇所があります。

序章

再起は何度でもできる

「引退」発表会場でのカムバック宣言

「私、中山雅史《なかやままさし》は今シーズンをもちまして第一線を退くことを決めました。長い間、こんなヘタくそな選手をいろいろサポートしていただき、本当にありがとうございました！」

二〇一二年十二月四日、僕は札幌市内で記者会見を開き、進退について発表した。

二十年間プレーしたジュビロ磐田を退団後、三年間お世話になったコンサドーレ札幌を去ることを決意したのは、両膝のケガが完治せず、サッカー選手として成長することよりも、痛みの軽減にほとんどのエネルギーを使わざるを得ない状況になってしまったからだ。

三年前のクリスマスイヴ入団会見で石﨑信弘《いしざきのぶひろ》監督に「若手の一人。育ててほしい」と懇願してから月日が過ぎていた。

二〇一〇年十一月に両膝を手術したが、痛みはなかなか引かず、翌年には歩くことも困難になってしまった。さまざまな治療法を模索しリハビリを始めた結果、身体の状態はかなり回復し、走れるようになったし、チームの全体練習に加われるようにもなった。

だが、第一線でプレーするうえでは、一歩が出ない、ターンが厳しい。膝の痛みのために、自分のなかでイメージしている「こうでなければいけない」というレベルのプレーに身体が反応してくれない。そう感じながらも、ひたすらリハビリを続けていた。

クラブ側は、そんな僕の姿勢が若手の手本になると評価してくれた。「いろいろな面でチームの力になっている」と言葉も掛けてもらい、僕は感謝の気持ちでいっぱいだった。

それだけに、ピッチの上で直接的な戦力になれない不甲斐《ふがい》なさ、悔しさは大きく、「痛みを引きずりながらでは、勝負するステージに立てない。やはり退いたほうがいいのかな」という思いに至ったのだった。

当時、僕は四十五歳。両膝の手術を受けてから丸二年間も公式戦から遠ざかっていた。記者会見の十日前に、ホーム最終戦の横浜F・マリノス戦で久々にピッチに立ったが、わずか三分間の出場。だから会見場に集まった記者たちは、誰もが「引退発表」だと思ったはずだ。

けれど、この会見で僕は前もって決めていたことがあった。

それは、「引退」の二文字を絶対に使わないこと。

記者たちが「引退の理由は?」「引退後は何を目指すのか?」と訊いてくるのは当然だし、それはそれで構わない。ただ、僕自身は望みを捨てていなかった。

リハビリを続けるなかで、痛みで制限されていたプレーが少しずつできるようになっていけば、現役復帰への道につながるかもしれない、と。

自分からサッカーを取ったら何も残らない。心底好きなサッカーをやめるのが怖い、という気持ちもあった。

「まだ未練タラタラです。これでリハビリを終えるつもりもないですし、それでまたバリバリになったらカムバックするかもしれません。その時には会見を開くので、皆さんまた来てくれますか？」

記者たちは冗談だと思ったに違いないが、僕のなかではかなり真剣な発言だった。

第一線を離れることへの悲しみや寂しさがなかったわけではない。ただ「引退」の二文字に対して、どこまでも抵抗してやろうとも思っていた。

五十歳目前で現役復帰

第一線から退いたあと、僕はテレビでサッカー解説の仕事などをするようになった。「新たな仕事に全力で臨む！　それ以外の時間はリハビリを続けていこう」

札幌での会見で「未練タラタラ」「カムバックするかもしれない」と本心を語った以上、自分に嘘をつきたくない。

といっても、トップレベルの頃の身体には戻れない。何がなんでも第一線での活躍を目指すというより、ケガのストレスがあっても、なんとか自分のサッカーが楽しめるレベルにもっていきたいと思った。とにかく、もう一度楽しくサッカーをやりたい！

幸運にも、そんな姿を見てくれていたあるトレーナーが協力を申し出てくれた。彼は、トレーナー仲間に声を掛け、さまざまな専門分野のスタッフが手助けをしてくれるようになった。

このリハビリやトレーニングの内容は第五章で記すが、僕は、「自分の身体の動きを現状からどこまで向上させられるかの挑戦だ。いろんな人のサポートを受けながらピッチに立つことができれば、俺の勝ちじゃないか」という思いで黙々と取り組んだ。

こうして、サッカー解説以外はリハビリ中心の生活を二年半ほど続けるうちに、第一線を退いた時よりもレベルアップして、以前にはできなかったことが、徐々にできるようになってきた。全盛期に比べるとレベルはぜんぜん高くないけれど、痛みで制限されていた動きが、ある程度できるようになってきたのだ。

そうなると、「そろそろグラウンドで練習したい」という思いが頭をもたげてくる。

そんな時、「うちでやればいいじゃないか」と声を掛けてくれたのが、ジュビロ磐田時代にお世話になった山本昌邦《やまもとまさくに》さんだった。山本さんが運営会社の会長を務めるJFL（日本フットボールリーグ、当時）のアスルクラロ沼津に、「いつでも練習に来いよ」と言ってくれたのだ。

嬉《うれ》しい半面、迷いもあった。日々のリハビリでは心肺機能を落とさないために室内で自転車を漕《こ》ぎ続けていたし、筋トレもやってはいたが、「周りの選手に迷惑をかけるんじゃないか」と、どうしても考えてしまう。

でも、トレーニング内容を高めていくべきこの段階で躊躇《ちゅうちょ》しても、何も変わらない。とにかく挑戦してみよう！　思いきって練習に参加させてもらった。二〇一五年九月五日のことだ。

そして僕は、九月十四日にアスルクラロ沼津に選手登録し、現役復帰することを発表した。当時、沼津はJ3昇格を目指していた。当然ながら、「生半可な気持ちでやってはいけない」と、覚悟を決めての入団だった。その年の十月十一日には古巣・磐田との練習試合に参加し、わずか八分間、実戦でボールを追うことができたが、手ごたえはまるでなかった。

その後、二〇一六年シーズンに沼津はJFL年間三位になり、Jリーグ入り（J3）の悲願を果たした。

今、僕はアスルクラロ沼津の選手としてサッカーを続けながら、同クラブのU－18のコーチも務め、次世代の選手たちを指導させてもらっている。二〇二〇年三月には、JFA公認S級コーチのライセンス（Jリーグや男女日本代表の監督に必要な最高位の指導者資格）を取得することができた。試合中継や情報番組でサッカー解説、レポーターなどの仕事もさせてもらっている。

五十歳を過ぎた今もさまざまな面からサッカーと深く関わり、挑戦できる環境を与えてもらっていることに感謝し、自分にできる精一杯をぶつけることでサッカーへの思いを新たに深めている。

ヘタだから、「もっと上へ」と頑張れる

札幌での記者会見の時、ホーム最終戦のピッチから降りた際の心境を訊かれた僕は、「力を出しきれなかった自分に未熟さを感じ、もっと強くなりたい、もっとうまくなりたい、ということも感じました」と答えた。

小学校四年生でチームに所属し、サッカーを始めてから今日に至るまで、もっともっと強くなりたい、うまくなりたいという思いはずっと変わらない。「課題は？」と問われれば常に「すべてです」と答え、「僕はサッカーがヘタなんです」と公言してきた。実際、「なんであんなプレーをするんだ」と自分でもイヤになることが何度もあった。

でも、ヘタだからこそ活力が生まれるということもある。負けず嫌いの僕は、うまい人や強い人を目標にして対抗する武器をどう構築すればいいか考え、「もっと上、もっと上へ」と頑張ることができたと思う。これは、長く現役を続ける秘訣《ひけつ》かもしれない。

僕の考えだけど、周囲からも「えっ、もうやめるの。まだできるのに」と思われるうまくて強い選手であっても、自身がイメージする「こうなりたい」という理想像に早く接近したら「もうすべてをやり尽くした」と感じ、輝かしいうちに引退してしまうのかもしれない。

その点、僕の実力は自分がイメージする理想像のだいぶ下だったので、「まだ満足できな

い、まだ足りない」という思いが強く、気がつけばここまできてしまった。

ただ、年齢を重ねるにつれてフィジカル的な能力は落ちていくし、故障によるダメージを長く引きずるようにもなる。現役に復帰してからの僕は、現時点でいまだに公式戦出場なし。リハビリは道半ばで、よくなったと思うと別のところに痛みが出てきたりして、まだまだ課題は多い。練習のたびに情けない自分の姿を突きつけられ、もがき続けている。

このストレスはプロのチームに所属しているからこそ得られる感情だと、自分に言い聞かせてはいるが、チームメイトやスタッフに迷惑をかけたくないので、「僕の存在が迷惑であれば言ってください。外れます」と伝えている。

それでも、チームの力を高めるために少しでも役に立ちたい。

このモチベーションはどこから湧いてくるかというと、「チームの一員として戦える幸せ」だ。試合には出ていないが、自分が感じたことをチームメイトにアドバイスすることで試合に参加し、自分のイメージのなかで真剣勝負ができる。サッカー選手として、それは「幸福」の一語に尽きる。

失敗や挫折は経験として蓄えられればいい

振り返れば、僕のサッカー人生はケガと手術とリハビリの繰り返しだった。

「ケガを恐れず飛び込むあのプレー。どんなに強いメンタルの持ち主か」と思ってくれる方もいるが、僕はただ、ボールに食らいつきたい一心だったのだ。ゴール前を固められてボールに触れることもできないとなれば、DF（ディフェンダー）がクリアしようとするキックと紙一重のところに、がむしゃらに身体を投げ出すしかない。それが僕にとっての「当たり前」だ。

実力のある選手なら、キレのあるドリブルで華麗にゴールを決めるのだろうが、僕にはそんなテクニックもスピードもないと自覚していた。周りと比べて技術的に落ちていると感じてからは、それ以外のところでカバーしなきゃいけない、人が行かないところに身体を突っ込まなきゃいけない、と考えていた。

後ろで構えているよりも、ディフェンスと駆け引きしながら突っ込むプレーが好きなこともあるが、僕が突っ込んだ結果、相手の陣形が崩れて味方がフリーになりゴールを決めてくれればそれでもいい、という気持ちが大きかった。

そんなプレースタイルだからケガばかりしていたのだが、チームメイトやスタッフ、周りの手助けもあり、ジュビロ磐田時代にJ1通算一五七得点、日本代表として二一得点を挙げることができた。

いろいろな支えがあるなかで、W杯（ワールドカップ）では、一九九三年のアメリカ大会最終予選で「ドーハの悲劇」を経験し、日本代表初出場の九八年フランス大会では日本人初ゴールを、二〇〇二年日韓大会では日本のW杯初勝利を経験することもできた。

悲喜こもごものサッカー人生だが、挫折のほうが圧倒的に多い。

実力のある者は挫折と言えるが、ない者にとってはただの負の経験だと僕は思っているので、「挫折」と言うのはおこがましい気もする。ただ、たび重なるケガと長期間の戦線離脱、W杯最終予選通過を目前に痛恨の敗退、現役復帰後の今も公式戦出場なしというもどかしさを、僕が経験してきたことは事実だ。それでもなお、サッカーを続けることにこだわりをもっている。失敗や挫折はチャレンジしたことの証《あかし》だ。それらをすべて経験として蓄えられればいい。

心が折れる経験をするたびに、僕はどうやってピッチに戻ってきたのか。土壇場から再起するメンタルを、どのように培《つちか》ってきたのか。

サッカー人生における僕のさまざまな逆境克服体験が、皆さんの勇気と希望を掻《か》き立てるきっかけとなれば嬉しく思う。

第一章

偶然を必然に変えるメンタル

「悲劇」はロスタイムに待っていた

一九九三年、W杯アメリカ大会アジア地区最終予選、カタールの首都ドーハ。

日本は、最後の試合となる第五戦を二勝一分一敗で迎えた。対戦相手はイラク。この試合に勝てばW杯初出場が決定する。引き分けなら、他会場の結果次第となる。

試合開始五分、僕のパスから長谷川健太《はせがわけんた》さんがシュート。クロスバーに弾《はじ》かれるも、バウンドしたところをカズさん（三浦知良《みうらかずよし》）がヘディングで押し込み先制した。

五十四分に同点とされたが、六十九分、ラモス瑠偉《るい》さんのスルーパスをオフサイドラインぎりぎり（としておこう）で抜け出し、ゴール右角に決め、勝ち越し。僕はガッツポーズをしてグラウンドを駆け回ってベンチにいる控えメンバーのなかに飛び込んでいった。

八十分にベンチに下がってからは、祈るような思いだった。頼むから耐えてくれ――。ベンチにいる皆でカウントダウンをして、勝利のホイッスルを待った。

だが、八十九分五十秒、イラクにCK（コーナーキック）のチャンスを与えてしまう。

このCKがショートコーナーから始まっていたことを僕が知ったのは、日本に帰ってからだ。キックの直前にロスタイム（現・アディショナルタイム）に突入した。興奮なのかそれとも疲労なのか頭がボーッとしてしまい、しっかりピッチを見ているつもりでも、視界から正確な情報が入ってきていなかった。

意表を突かれた日本は反応が一瞬遅れてクロスボールを上げられ、ニアポスト側にいた選手のヘディングシュートでゴールを割られてしまった。

僕はベンチにいるほかのメンバーと肩を組んでいた手を放し、頭を抱えて膝から崩れ落ち倒れ込んだ。だが、「もしかしたらファウルじゃないか?」と思い、上半身だけ起き上がり、ゴールの方向を確認した。でも、イラクの選手が喜んでいるし、レフェリーもセンターサークルのほうに戻っていく。

本当にやられちゃったんだ……。

胸がギューッと締めつけられた。僕は、その場に倒れ込み、顔を覆った。

あとは、時間が止まらないでくれと祈るしかなかった。

しかし、そのあとすぐにホイッスルが鳴り響き、試合は2-2の引き分けに終わった。

この試合の数分前に終了した他会場の結果によって、それまでグループ一位だった日本は三位に転落してしまった。一位通過はサウジアラビア、二位通過は韓国。日本は勝ち点6で韓国と同数だったが、得失点差で2点差をつけられ、目の前にあったW杯初出場の夢を断たれた。

ドーハがあったから前へ進めた

人は誰でも、心が折れて絶望の淵《ふち》に立たされることがあるだろう。

だが、ドーハの経験は並みの挫折ではなかった。もっと重く、もっと深い。

大袈裟ではなく自分の人生が終わってしまったように感じた。

試合直後の僕は、何かに心臓をグイッとつかまれたような感覚にとらわれ、涙がにじみ出た。

控え室に下がってからは、椅子に座って、ただうつむいて呆然《ぼうぜん》としていた。まるで抜け殻のようだった。

「なんでだ、信じられない。なんでなんだ……」

それから何日もの間、鉛《なまり》みたいな雲が胸に重くのしかかってくるようで、何も考えられなかった。

その悔しさは、翌年の本大会を観た時に、さらに大きくなった。その時、僕はリハビリをしていて走ることさえできていなかった。過去は変えられず、未来も見えない状態にあったのだ。アジア代表のサウジアラビアが初出場ながらベスト16に勝ち上がっていた。ふさがりかけた傷口に砂を押しあてられているように感じた。そこに立っている者と、立てなかった者の差。ドーハで勝てなかったから、あの舞台に立って自分たちの力を試せなかった悔しさ……。

ドーハの結末が違っていたら日本サッカーはどうなっていただろう、ということも考えた。仮定の話をしてもしかたがないが、もしアメリカ大会に出場して世界と肌を合わせていたら、基本的にすべてのことが四年前倒しになっていくわけだから、日本のサッカーは四年分早く成長できたのかもしれない。そう考えると、なおさら悔しさが増した。

けれどその一方で、ドーハが僕に新たなエネルギーを与えてくれたことも事実である。あの時、グラウンドに倒れ込んでしまったのは、自分の弱さだ。まだ時間があるのに、なぜ仲間に声を掛けて鼓舞できなかったのか。そもそもなぜ、その前にもっと点を決めることができなかったのか。

最終予選に臨む前は、自分がW杯を目指すのはアメリカ大会が最後だと思っていた。身体を張ってボールを追うのが自分のプレースタイルだが、次のフランス大会では三十歳になっている。その頃には若手が台頭しているはずで、代表入りは厳しい。だから、このチャンスを逃《のが》せばもう次はない、という気持ちで挑んでいた。

それが達成できなかったことで、W杯に対する想い、サッカーにかける想いがそれまで以上に強くなり、まだやれる、もう一回挑戦してやれ、という気持ちになったのだ。

「三十歳がなんだ。体力を維持して、これから出てくる新しい選手に負けないようにすればいいじゃないか。三十歳でダメだったら三十四歳でやってやる。それでもダメなら三十八歳だ。俺は絶対に諦めない」と。

力がなかったからW杯アメリカ大会の切符をつかみ取れなかったのは事実だ。それでも懸命に努力し、なんとか勝利を引き寄せようとした。悔しさは今でも心に刻まれている。

行動さえしていれば、チャンスは生まれるかもしれない――。僕がそういうメンタルを維持できるようになったきっかけの一つは、間違いなくドーハだ。あれがあったからこそ、「W杯フランス大会出場」という次の目標に向かっていくことができたのだ。

あの時の自分を超えたい

ドーハ以後の日本代表チームは、緩《ゆる》やかに世代交代していった。中田英寿《なかたひでとし》、城彰二《じょうしょうじ》、川口能活《かわぐちよしかつ》らアトランタ五輪（一九九六年）で世界を経験した若い世代が頭角を現し、ドーハ組はしだいにチームを離れていった。

当初は僕もその一人で、実力不足のためW杯フランス大会の予選はほとんど参加できなかったが、チームのレベルが上がり、どんどん自信をつけていることは感じていた。自信に溢《あふ》れた若い選手たちの存在がベテランに刺激を与え、切磋琢磨《せっさたくま》した結果だと思う。

僕自身は、「若いやつらと比べると自分は技術的に低いレベルだな」と思いながら、それでも戦うだけの気概をもっていた。どんなに世代交代が進んでも、その気概をもち続けながら自分のやるべきことをやり尽くすことが、自分の求めるものへとつながっていくのだから、とにかく自分自身を高めるしかない。

結果的に、ドーハ組のなかでW杯フランス大会に出場することができたのは、僕と井原正巳《いはらまさみ》だけだった。僕らは同い年で、同じ大学の出身である。代表選考は、「監督の戦略上の好み」としか言いようがない。どの選手をチョイスするかは、「こういう戦い方をしたいから、この選手が必要だ」という監督の考えによって決まってくるからだ。

僕自身は、ドーハでできなかったものを追い求めてここまで来た、という気持ちしかなかった。フィジカル能力、技術、戦術……。あの時の自分たちのレベルでは、予選突破という大きな壁を乗り越えられなかった。だから、ドーハ以上のレベルになることをまずは自分に課し、その力を獲得し、維持していかなければいけない。そうしなければ代表には入れないし、チームとして大きな壁を乗り越えることもできない、と感じていた。

こうして出場したフランス大会。これでドーハのショックは払拭《ふっしょく》されるだろうと僕は思っていたが、実際にはそんなことはなかった。考えてみれば当然だ。自分自身の状況も、チームのメンバーも、戦う相手も、戦う場所も違うのだから。

戦いへの想いもドーハの時とは違った。試合の映像は何度でも再生できるが、あの時のあの想いは巻き戻せない。ましてや、ショックを吹っ切ることなどできないのだ。

僕はフランス大会で点も取れたし、次の日韓大会にも短い時間出場させてもらったが、その後もずっとドーハを引きずっているのかもしれない。

現役として踏ん張っていられるのも、ドーハの敗退が大きく響いている気がする。あの時にW杯に出場していたら、今もサッカーを続けていたかどうかわからない。

また、ドーハは、ちょうど日本のサッカーがアマチュアからプロになった直後だったこともあると思う。海外からは、W杯で活躍したサッカー選手もJリーグに参戦するなど、日本のサッカーを取り巻く環境が劇的に変化していった時代だ。加えて、スペインリーグやセリエAなど海外リーグ、選手の情報もいろいろな映像とともに入ってきた。

今まで見たことのなかった海外選手のプレーに対して興味も湧く。なぜ、今までそうしたプレーを知らなかったのか。どうすれば海外選手のような優れたプレーができるのかもっと知りたい。自分も同じように試合で表現したい。さまざまな思いが交錯した時代だった。そうした「もっとうまくなりたい」という気持ちを、サッカーのレベルや情報の進化した時代とともに共有できたことが、今の現役への想いを決定づけたのかもしれない。ある意味、サッカーバブルの時代を生きてきた〝引きずり世代〟といえるだろう。

もう引きずることをやめて、現役から身をひくのも一つの決断だ。でも、まだやれる自分がいるのではないか。挑戦する場所も与えてもらっていることに対して、その期待に少しでも応えたいという想い。ただ、身体は悲鳴をあげている。もう、いいだろう。いや、まだできる――結局は、堂々巡りだ。

自分の往生際の悪さには呆れるしかない。サッカーへの情熱がくすぶりながらも、やめなきゃいけない状況に追い込まれているとも感じる。でも好きなことをやりながら、燃やし続ける場所がある幸せに、ただ感謝しかない。

スーパースターのプライドと〝その他大勢〟のプライド

サッカー選手としてのプライドには、二つのパターンがあると思う。

一つは、「俺には俺のサッカーがある。それができるからいいんだ」「FW（フォワード）であれば守備をしなくてもよい。ゴールさえ決めればいいんだ」という個人主義的なプライドだ。

和を重視する日本人から見れば「自分本位」と映るかもしれないが、僕はそれでもいいと思っている。クリスティアーノ・ロナウド、リオネル・メッシらのように自分で突破してゴールを決められる選手であれば、監督はその選手を中心にチームをつくってくれるし、他のメンバーもその選手に合わせてくれるからだ。メッシの試合中の走行距離は他の選手より少ない。試合中に自陣まで戻って守備をするのではなく、ゴールを決めるプレーに徹している。

もう一つは、「監督に要求されたことを全《まっと》うします」というプライド。

チームにおいては、スーパースター以外の選手は〝その他大勢〟だと僕は考えている。僕自身もそうだ。自分のプレーをすべて正確にできるなら、個人主義的なプライドをもつことができたのかもしれないけれど、とてもその領域には達していなかった。

そういう選手がチームに入り、ピッチに立って戦うためには、「監督が要求することをしっかりやります。そのなかで自分を表現します」というプライドを常にもってプレーしなければいけない。

監督の要求は絶対だ。それをまず全うしてチームの勝利に貢献しながら、だんだんと監督の信頼を得ていく。そのなかで、自分のやりたいプレーと監督の要求にどう折り合いをつけるか、どうすれば自分をアピールしていけるのかを考え、自分のやりたいプレーを出していく——。

そういう気持ちをもつことは、〝その他大勢〟としては当たり前だと考える。どんな試合でも、いちばん大切なのは自分がシュートを決めることではなく、チームが勝つことなのだから。

たとえば、ジュビロ磐田時代の僕は、自分がシュートを打てそうでも、サルヴァトーレ・スキラッチ（愛称：トト）にパスすることがよくあった。もっと自分に自信をもって思いきりプレーすることも大事だったと思うが、「自分よりトトが打つほうが決める確率は高いだろう」と考えたからだ。

2《ツー》トップとしての関係性が抜群によかったのは高原直泰《たかはらなおひろ》。彼はボールを持ったら速いし強いし、コース取り、足元のテクニック、ヘディングなど、いろいろな力をもっていた。僕とは明らかに違うタイプだが、会話をしなくても互いのファーストアクションを見るだけで「あ、こういうことがしたいんだな」とわかり、「タカがそこにいるんだったら、俺はもっと外に行って相手を引きつけよう」、「ゴンさんが入ってくるためのスペースを空けよう」といった具合に上下左右に動くことができた。

このようにＦＷ同士で互いの動きをよく見て補完し合うことが、「チームが勝つ」という大前提につながっていったと思っている。

ただ、なかにはパートナーの動きを見ず、自分のゴールに直結する動きだけをする選手もいる。ＦＷにはそれぐらいのエゴが必要な部分もあるから、その場合は周りにいる仲間がどれだけ衛星的な動きができるか、ということになる。特に日本では「互いに力を出し合おう」と強調されるから、衛星的な動きを要求されることが多い。

世界を舞台にした場合は、まだ相手と互角に戦えるレベルでないならば、一対一で勝てないものは二対一、あるいは三対一にするしかない。当然、選手はその分走る量が多くなるが、勝つための選択肢がそれしかないのならば、受け入れて「監督が要求することをしっかりやります。そのなかで自分を表現します」というプライドをもち戦うしかない。

皆さんがゲームを観ている時、チームとしての役割を全うしながら自分のプレーを出していると感じる選手もいれば、自分本位のプレーしかしていないと感じる選手もいるだろう。

僕に限っていえば、守備においては前線でボールを追い、時には中盤やディフェンスラインまで下がることもあるが、攻撃においては、中盤まで下がってゲームを組み立てることなど期待されていないのだから、トップに残って常にDFの裏を狙うプレーを心掛けることになる。

自分のポジションで、責任をもったプレーができるかどうか。ゴールに結びつくまでのプレーにどう関わっていくのか。それを自覚できるのがいちばんいい。結果が伴ってくれば、さらにやる気が生まれる。でも結果が出ないのが、いちばんつらい時だ。そんな時は、なぜできなかったのかを洗い出して、そこにまたアプローチし続けるしかない。

意識して無意識に動けるようにする

若い頃から考えていたことがある。ゴールへの駆け引きは、無意識にできるほうがいいのか、意識的にできるほうがいいのか、ということだ。

ゴールを決めるには当然いい位置にいたいわけだが、犠牲というか、周りがそこに入っていけるような囮《おとり》の動きも必要だ。そこにずっと居座っていたら周りは入っていけないので、ニアに抜ける、あるいはファーに抜けることによって、相手ＤＦが移り出したところの空いたスペースに入っていき、ゴールを狙う。そうした動きを○・○何秒という瞬間の判断によって、絶えずできなければいけない。

「ニアによこせ」というつもりがなければＤＦもついてこないと思うので、僕自身は「とにかくニアだ、ニアだ」という思いをもっていた。ゴールに向かって突進したらＤＦがあまりに早く動いたので、スッと引いたらそこにボールが来た、ということもある。

こうした駆け引きを意識しながらできたのだとしたら、「してやったり」だ。

逆に、何も考えず無意識にできていたとしたら、それも「してやったり」なのだろうか。

いちばんいいのは、意識して無意識に動けることだろう。常に周りの状況を意識し、考えながら動いていたから、身体がそれを覚えていて、無意識に素早い動きに変えられる、というのが理想だと思う。ただ、「自分にはそれができている」という確証が僕にはないので、しっかりした動きができているのか不安になってしまうこともある。

偶然を必然に変えるには

シュートを決めた時、「これって偶然できたんじゃないのかな?」と思うことがある。

でも、練習を続けてきた結果としてできたシュートなら、それは必然だろう。

そういう偶然と必然について、僕は年齢を重ねるにつれて深く考えるようになった。

たとえば、ゴール前に詰めていた選手の足元に、キーパーがこぼしたボールが転がってきた。それを、ちょんと蹴って得点を挙げる。いわゆる「ごっつぁんゴール」だ。

蹴った選手は、たまたまゴール前にいたのか。それとも、仲間が打つシュートのすべてに反応してそこにいたのか。

後者ならば、それは必然だ。蹴った場面だけを見ればたしかに「ごっつぁんゴール」だが、ゴール前に絶えず行き続けてそこにポジションを取れていたからこそ、そのゴールは生まれた。だから、偶然なんかではなく必然のゴール。

たまたまゴール前にいたというのも素晴らしいことだけれど、それは偶然にすぎない。偶然は不確かなものだから、必然にしたいのなら、常にゴール前に詰めていることだ。

そのためには、絶えずゴールに向かって走り続ける必要がある。同じことを何度も何度も繰り返していれば、シュートのチャンスに出くわす確率は高まるのだから。

シュートを決められるかどうかは、偶然を必然にできるかどうかの勝負でもあるのだ。そのことに、どれだけ早く気づけるか。

僕がそのことに気づけたのは、自分に自信がなかったからだ。プレーがすべて正確にできるわけではない。周りと比べて技術的にヘタくそなのは明らかだ。であれば、それ以外のところでカバーしなければならない。ひたむきに動き続ける運動量や、ゴール前で身体を投げ出すプレーなどだ。

もちろん、それがまたケガにもつながるのかもしれないけれども。

でもそれでケガをしたのであれば、しょうがないじゃないか。なぜなら、そういう世界で生きているのだから。ピッチで生き抜くためには、それが必要だと思っていたし、実際にケガもした。じゃあどうする——治せばいいだろう。治った時に、また強い自分ができていれば、いいだろうと。その強い自分を、またピッチ上で表現できる場があるのであれば、それがいちばん幸せなことだ。そこで表現できなければ、あとは消えていくだけという覚悟だった。生き残っていくためには、もっと自分を厳しく追い込んでいかなければならない。もっと状況判断、動き、考えの工夫をしなければならない。

やれること、やるべきこと、いろいろなことに対して「なんでもっと若いうちに気づけなかったのか」と、僕は痛感した。だから、アスルクラロ沼津U－18の選手に対しても「早く気づいたもの勝ちだよ」という思いをもっている。それは技術論ではなく、サッカーという世界で生き残っていくための意識なのだ。

また、気づくだけではダメで、ゴール前に何度も何度も走り込むことを継続することが大切だ。地味で体力を消耗することだから、ついサボりたくなるかもしれないが、行動に移さなければ身につかないと僕は思っている。

「やり続けるなかで、『これでいいのかな?』と自問自答して変化を加える。それが自分のプレーの進化につながり、自信にもつながるんだ」

と、若い選手を励ましている。

日本代表の場合だと、FWがDF的な役割もするので、偶然を必然に変えるためにはフィジカル能力も絶対に必要だ。また、九十分の試合を戦い抜くなかで、体力の使い方のバランスも考えなければならない。その意味で、偶然を必然に変えるということは、フィジカルとメンタル両面の勝負になると思っている。

スランプは天才や実力のある人がなるもの

僕はスランプに陥《おちい》ったことがない。

そもそも、スランプというのは偉大な実力者がなるものだと思う。僕みたいに普通の人間がミスをしたり、一時期低迷したりするのは、ただ単に実力がないだけで「スランプです」なんて言うのは、おこがましい。できないことを練習して、できるようになればいいだけの話だ。

そう考えるほうが気持ち的にもラクになれる気がする。スペシャルじゃない人に好不調の波があるのは当たり前で、不調の時にいちいち落ち込まなくてすむからだ。

逆の言い方をすれば、ミスや低迷をスランプのせいにする人は、「本当の俺はこんなじゃない。もっとすごいんだ」と、自分に対してスペシャル感をもちすぎなのかもしれない。

失敗を人のせいにする心理も同じだ。自信過剰になり、自分のミスを認めたくなくて人のせいにする。自分に自信をもつのはいいことだが、自信過剰で調子に乗ると、必ず足をすくわれる。僕がそう思うようになったのは父の影響が大きい。

小学校四年生の時に地元の岡部サッカースポーツ少年団に入りFWのポジションを与えられた僕は、「勝つためにゴールを決めたい！」という熱い想いを常にもっていた。そんな僕に親父は、「天狗になるな」と言い続けた。

そう言われても、つい調子に乗ってしまうことがある。中学生になって全国中学校サッカー大会（略称：全中）の地区予選に出場した時のことだ。

全中は、全国各地区の予選を勝ち抜いたブロック代表と開催地校が参加する。僕が所属する岡部町立（現・藤枝市立）岡部中学校の場合、志太《しだ》地区予選から始まって、静岡県中部地区予選、県大会、東海地区大会を勝ち抜いて全中への切符を手にすることができる。

岡部中学校は、志太地区予選の前に開催されたある大会で、強豪・藤枝中学校を降《くだ》して優勝していたので、僕は「絶対に県大会までは行ける」と自信満々だった。

ところが、岡部中は最初の志太地区予選で早々に敗退してしまった。それも、PK（ペナルティキック）負けで。この時、親父に言われた言葉は今も強烈に記憶に残っている。

「お前だよ、お前のせいで負けたんだよ。お前が悪い」

実際、僕もPKを外していた。それなのに、心のなかでチームメイトのせいにしようとしていた。負けた責任を誰かに転嫁《てんか》し、自分自身を納得させようとしていた。そんな僕の心の弱さを父は見抜いて、「お前のせいだ」と言ったのだろう。

「ああ、そうか……。どんなことでも自分に戻って考えなきゃいけないんだな」

僕はそう思い、父が「天狗になるな」と言い続けた意味が、初めてわかった気がした。

意識して動くための原動力はライバル

静岡県立藤枝東高校に入学して世界が広がると、周りは才能溢れる選手ばかりだった。なかでも同学年の武田修宏《たけだのぶひろ》（県立清水東高校）は別格。一年生の時からセンターFWとして活躍し、全国高等学校サッカー選手権大会の静岡県予選で九得点を挙げ得点王とMVPを獲得。本大会では五得点を挙げて清水東を準優勝に導き、大会優秀選手に選ばれた。

当時の静岡はサッカー王国と言われ、高校時代に選手権に出場して優勝することと、県選抜に選ばれて国体で優勝することが、サッカー少年のブランドだった。藤枝東でセンターFWをやっていた僕も、そのブランドを手に入れたかったが、同じポジションには圧倒的な力をもつ武田がいた。

そこで、県選抜ではストッパーにコンバートされ、セレクション・マッチではセンターFWの武田のマークについた。藤枝東の鎌田昌治《かまだしょうじ》先生（現・藤枝MYFC代表取締役）が考えたことだが、僕自身、「センターFWで県選抜を目指すなら、武田クラスじゃなきゃ無理だ」と思っていた。

このセレクションで県選抜に呼ばれ、ユースの日本代表にも選ばれるうちに、僕のなかに「ディフェンスで頑張るしかないのかな」という思いが生まれた。

静岡県選抜でさえFWを張れない僕が、このポジションで生き残っていくのは難しい。これから先、大学、社会人、あるいは日本代表を目指すなら、ディフェンシブなポジションだろう。それが自分の生きる術《すべ》だ――。

覚悟を決めて筑波大学へ進んだら、同期に井原正巳がいた。のちに「アジアの壁」と呼ばれることになる男だ。

最初の青白戦（筑波大では紅白戦をこう呼ぶ）では僕が主力組の左SB（サイドバック）に使われ、練習帰りに井原から「お前、いいな～」と言われた。

でも、次の日そこに使われたのは井原だった。僕と井原の立場は、たった一日で逆転してしまった。自分の実力がなかったのも確かだが、自分のプレーを思い返した時に、「なんで昨日もっと積極的にプレーしなかったんだろう。与えられたチャンスは確実にモノにしなきゃダメだ」と痛感した。

その後も井原は左SBを死守し、一年生の時から試合に出場し、ユニバーシアード代表にも選ばれた。僕はサブに入ることができたので「絶対チームを盛り上げよう」と頑張ったが、同じポジションだから、どうしても井原を意識していたのも確かで、「一緒の舞台に俺も立ちたいな」と、どれほど熱望しただろうか……。

僕が井原の活躍を冷静に見られるようになったのは、二年生の時にチームの事情でFWに戻ってからだ。ただ、学生選抜やB代表ではDFもやっていたので、井原が日本代表に選ばれた時は悔しさもあった。それでも、彼の実力は疑いようがなく、「自分は井原よりちょっと下のカテゴリーかもしれないけど、今いる場所で実力を伸ばしていけば、同じ舞台に立てる可能性はあるだろう。そのためには、並み居る代表クラスを押しのけていける自分をつくらなきゃいけない。一歩一歩ステップアップしていくしかないな」と、冷静な気持ちでいることができた。

大学時代の僕は、井原を仲の良いライバルだと思っていた。張り合う必要のないところでも、井原が自動車教習所に通い出したり、コンビニでアルバイトを始めたりすると、「あいつがやってるのに俺がやらないわけにいかねえ!」と、自分も同じところに行った。大学の練習は

いつも競争で、ランニングでゴールすると互いにぶっ倒れるぐらいだったし、

「今日お前、筋トレどうする?」

「いや、帰る帰る」

とか言いながら、そのあと隠れて、そーっと筋トレに励んでいた。

自分のほうが劣っていると認め、違う武器を見つける

「ライバルは自分を成長させる糧《かて》になる」とよく言われる。たしかに、自分を高めていくうえでライバルは必要な存在だろう。

でも僕は、ライバルを見据えるよりも、自分にアプローチすべきだと思っている。「あいつはこういうことができるから、俺も同じようになる」ではなく、自分を客観視してライバルにはない強みを探し、伸ばせる部分、勝負できるものを見つけ出し、そこをさらに高めて自分の武器にしていく、ということだ。

たとえば高校時代の僕は、武田修宏のプレーを見るたびに、「本当にうまいな。武田は生まれながらのストライカーだ。とてもじゃないけどかなわない。悔しいな。羨《うらや》ましいな。武田みたいになりたいな」と思った。

でも、僕は武田修宏にはなれない。違う人間なんだから当たり前だ。だったら、自分は自分

で別の武器を磨き、同じ場で勝負できればいいじゃないかと、気持ちを切り替えた。武田があまりやらないプレーでもいいから、点を取れるようになりたいと思っていた。

身体を張った僕のプレースタイルは、こうした思考のなかから生まれてきたものだ。

もし僕が「武田にはとてもじゃないけどかなわない」と思えなかったら、彼に嫉妬《しっと》してイライラするだけで終わっていたかもしれない。

皆さんのなかにも、ライバルに対する嫉妬や苛立ちに苦しんでいる人がいるだろう。

気持ちを切り替えるには、「圧倒的に自分のほうが劣っているな」と認め、劣っている自分をしっかりと受け入れることだ。そうすれば、過剰なイライラはなくなると思う。

そこから「どうすればいいか」を考えていけば、嫉妬深い自分とサヨナラできるはずだ。

すべてを必然に変えるために

そうはいっても、ゴールを決めることができなかったり、試合で負けが続いたりした時は、イライラやストレスが溜まってくる。

ヤマハ発動機（現・ジュビロ磐田）時代のことだが、試合で不甲斐ないプレーをした時は、夜中に車で茶畑を走りながら大声で叫んでいた。

「お前、甘いんだよ。なんであそこで決められないんだ。馬鹿じゃねえの。もっと走れよ。もっと身体張れよ！」

自分に向かって叱咤激励《しったげきれい》の言葉を投げかけていた。

今、自分のプレーを振り返ってみると、ゴール前で突っ込み、身体を投げ出すプレーをする時にケガをするなど一ミリも思っていなかった。ケガをすると思ったら、身体を張って突っ込むことはできなかっただろう。目の前にあるボールに食らいつきたいという気持ちだけだった。

球際《たまぎわ》の攻防に気持ちを込められるかどうか――。気持ちが強ければボールの競《せ》り合いに勝てる、というわけではない。相手の技術やさまざまな要因が重なるからだ。

しかし、気持ちが入っていれば、当たりは強くなる。相手選手とぶつかって、気持ちが引いていたら、押されてしまうだろう。ボールは、当たりが強いほうにこぼれやすくなると思う。

精神的な強さ、弱さで試合の行方が決するとまでは言いきれない。しかし、ワンプレーの気持ちの入り方が、試合をどちらに優位に動かしていくかは明白だと思う。

ボールを奪いたい、ゴールを決めたい、勝ちたい。このボールをマイボールにして、攻撃につなげたい。もうボールを出さない。簡単に出さないで、自分たちのボールになったら、それを活かして次の攻撃につなげる――そうした想いが、試合終了時の結果につながるとすれば、想いの強いほうにボールがこぼれていった偶然が、最終的に勝利という必然につながっていくと言えるのではないだろうか。

何度も言うが、僕のなかには「自分はヘタくそだ」という意識がある。ヘタくそである以上、何かをしなければならない。テクニック以外で普通以上のものを出さなければ、自分はピッチに入れないし、役に立てないと思っていた。

自分に辛口になる。自分を過大評価しないこと。あるいはもっと厳しい目で見ることが必要だと思っていた。

ずっとそういう思いで練習してきたことが、試合に出てくるはずだ。ただ、試合に出ていく時には、「俺は、やれることをやってきた。だから必ずやれる。相手がどこだろうと、こんなやつら関係ねえよ」っていうぐらいの思いで、ピッチに入っていた。

第二章

逆算思考を鍛える

目標に近づくために何をすべきか逆算で考える

夢や目標を達成するための行動には、大きく分けて二つの段階があるように思う。

一つは、夢や目標が遠くにある場合で、少しずつ積み上げていく気持ちでステップを踏んでいく。

もう一つは、夢や目標が近くなった場合で、まずは身近なゴールを設定して、逆算して思考していく。最初は積み上げ思考で歩みながら、そのゴールが近くに見えるようになったら、逆算思考で達成していくのだ。その思考を繰り返すことで、結果として最初は遠かった夢や目標に近づけるのではないだろうか。

僕は、小さい頃から、「プロのサッカー選手になりたい」「日本代表になってW杯に出たいな」と、漠然とした憧《あこが》れはもっていた。でも、それは夢のまた夢。

小中学校時代に抱いた夢が少し現実味のある目標になってきて、テレビで高校選手権や静岡県選抜の国体の試合を観ながら、「俺もあの場所に立ちたいな」「県選抜に入りたいな」と憧れていた。

では、どうすればその場所に立てるか――。プロのサッカー選手は遠い目標だが、静岡県選抜は比較的近い目標である。

それを逆算で考えていくと、サッカーの強豪校に進むことがいちばん目標に到達しやすいルートだ。そこで、地元の強豪・静岡県立藤枝東高校へ進学しようと考えた。

藤枝東は、一九二三（大正十二）年の創立時にサッカーが校技とされ、全国大会で何度も優勝している古豪だ。ただ、僕が中学生の頃は、県立清水東高校や、私立の静岡学園高校（カズさんがブラジルに渡る前に八カ月間ほど在籍していた）のほうが、サッカー少年には人気があった。

僕も興味はあったが、通学の便や経済的なことを考え、サッカーをやるうえでも勉強をするうえでも、藤枝東に進むのがベストだと結論を出した。地元でトップクラスの進学校で、当時はスポーツ推薦がなかったが、姉が行っていたので、「姉ちゃんが行けて、俺が行けないことはないだろう」と、学業のほうも頑張ってなんとか入学を果たした。

藤枝東では高校選手権でベスト4に入ることができたが、第一章で述べたように県選抜では武田の存在があったため、ＦＷではなくＤＦとして招集された。この時も、県選抜に入って国体に出場するという目標から逆算して、「今の自分の立ち位置だと、ＤＦで頑張ることが目標に至る道だろう」と思っていた。

こうして、僕は高校選手権と国体出場という小学生の頃からの目標を達成し、ユース代表にも選ばれた。

一つの目標を達成すると、より高いレベルに挑戦したくなるものだ。高校三年生になると、大学サッカーの名門・筑波大学を目指すことになった。筑波大蹴球《しゅうきゅう》部には、藤枝東出身の部員が四学年に一人は確実に入っていて途絶えたことがなかったため、鎌田先生から「お前どうだ?」と話があったのだ。

僕としては興味津々だ。筑波大はサッカーが強いだけでなく、国立だから学費も安いし、教員免許もとれる。プロへの漠然とした夢はもち続けていたが、当時はJリーグの発足前。卒業後の人生設計から逆算して、教師になるのも一つの選択肢と考えていた。

筑波大学体育専門学群のスポーツ推薦を受けるには、全国レベルの競技成績が必要なほかに、高校での内申点や普段の生活態度も重要。試験もかなり厳しくて、二次にわたる審査、小論文、面接、実技があったが、なんとか合格することができた。

筑波大蹴球部には監督がいたものの、学生同士でよくサッカーの戦術について話し合っていた。また、個人のパフォーマンスを高めるために、体育専門学群の授業で学んだ運動生理学や運動力学の知識も活用しようとしていた。時には、アジリティ(敏捷性《びんしょう》)について研究している大学院生がコーチになることもあった。その四年間で、僕は学生代表に選ばれ、日本B代表としてアジアカップ予選を戦うなどの実績を積み、JSL(日本サッカーリーグ)で戦っていく自信をつけることができた。中学・高校の保健体育の教員免許も取得したが、大学を卒業した一九九〇年春、ヤマハ発動機サッカー部にFWとして加入することができた。

日本代表デビューは、その年の七月に行われた第一回ダイナスティカップの北朝鮮戦。この時はSBとして起用されたが、日本リーグ二年目に一五ゴールを挙げることができ、得点ランク二位になったことで、代表でもFWで勝負できる自信がもてた。そして代表デビューから二年後、FWとして起用されるようになった。

振り返ると、僕は常に「代表になるために、今、何をすればいいか」を考えていた気がする。静岡県選抜に入りたい、次は大学選抜、その次はB代表と、自分が求める場所に立つために何が足りないかを自問自答し、一段ずつステップを上がっていくうちに、遠いと思っていたその場所に、いつの間にか近づいていた。その積み重ねが、はるか先にあった「日本代表、W杯出場」という目標へと、徐々につながっていったのだと思う。

こうした経験から、目標に向かっていくには自分を客観視するもう一人の自分をつくり、自ら考え行動し続けることが重要だと思っている。目標が高ければ高いほどその過程にはさまざまな苦しさや厳しさもあるが、「夢を叶えるためには、そんなの当たり前！」と思えれば、努力を継続する力を得ることができるはずだ。

逆算思考でゴールまでの動きを組み立てる

前章では、ゴール前に顔を出し続けることが、偶然を必然に変えるために必要だと説いた。それはある意味では、ゴール前というスポットでとらえた考え方だ。そのスポットをさらに広げて、グラウンド全体に視野を広げて考えてみたい。

サッカーやラグビーは、ゴール型のスポーツで瞬時に攻守が入れ替わる。野球のように一球ごとにサインを交換して戦略を練る時間はない。いかに瞬時に判断し、効率よく相手ゴールに近づきフィニッシュを決めるかが大事だ。

そのために僕は、ゴールを決める前までの一連の動きを逆算でイメージすることが大切だと思っている。

FWであれば、シュートを打つ技術はもちろんだが、ゴールに向かう身体の向きが大事になってくる。ゴールに対して前を向けるポジションにいかに相手を振りきって入っていくのか。ヘディングであれば、相手CB（センターバック）の後ろに回り込んで走りながら、そのCBの後ろから前に出てヘディングシュートをする（逆の動きもしかり）などの駆け引きが必要となってくる。

また、シュートを打つ時に、今立っている位置でゴールに向かって、どういうシュートを打てばいいのか。サイドからクロスに打つシュートであれば、その技術が必要となる。でもこの技術が必要な時に、いちばんうまく打ちやすいところにボールを置かなければいけない。ボールを置かなければいけないとなると、そこにボールを止めて置くだけの技術、ワンステップで打てる技術が必要になってくる。

シュートを打てるポジションを取れないことがいちばん問題だ。結局シュート数が少ないということは、ゴールに対して前を向けていないということだ。ＤＦに囲まれながらでも、ワンフェイクで相手をかわす、ゴールへのコースをつくる、バランスを崩さずゴールに向ける身体をどれだけつくり上げられているかが、シュート数となって現れる。

シュート数が多いのに点を取れていないというのは、それも一つの問題だが、打てているということは、一つのいい兆候ではある。ゴールに向けている証でもある。

ゴールを決めるまでの一連の動きを逆算してみるといい。すると、どこまでできているかを確認することができる。

最後のシュートをスキルの未熟さで外してしまった場合、そこだけを自分で高めればいいだろうと思いがちではあるが、それは見当違いだと思う。シュートしやすいポジショニング、体勢にもっていくことが、シュートを打つことをよりラクにしてくれることは明らかだ。

つまり、シュート練習でゴール前に置いたボールを蹴ってネットを揺らすことは大事だが、練習でそれができたとしても、実戦に即したものとは言いがたい。試合になれば相手ＤＦだけではなく、時間によって自分の体力の問題も出てくる。いかに少ないチャンスと限られたスペースのなかでシュートを放てるかということが求められるのだ。

ディフェンスをしていたからこそわかること

僕にとって、高校時代の静岡県選抜でＤＦとしてプレーし、大学でも途中までＤＦとしてプレーしていた経験は、後にＦＷになった時、とても役に立った。

さまざまなポジションを経験すれば、それぞれのポジションの気持ちや運動量などが多少なりともわかってくる。

ＦＷとして、常に相手が動いた逆を取る、その動きをしないと相手の裏は取れないだろうなというのと、相手が見ていない時にどこでタイミングを計っていくのか。ＤＦをやっていればわかるのだが、サイドからのボールにＤＦは、マークにつく相手とボールを同一視野に収めようとするが、それが難しいので絶えず首を振る。その視界からＦＷが外れた時が、ＤＦにとってはいちばん怖い瞬間となる。

よくサッカー解説者が相手チームのＤＦの弱点として、「ボールウォッチャーになりやすいのでチャンスがある」などと言う。優れたＤＦであれば、常に相手ＦＷの動きを読みながらゴール前のボールをクリアしていくのだ。

ＦＷは、ＤＦが自分への視線を外したらその時を狙うしかない。その時のシュートへのコース取りが大切になってくる。ＤＦの視野から自分が消えた同じタイミングでＤＦから離れていけば、裏に抜けられるだろうということは、僕もＤＦをやっていたので経験値としてわかっている。ゴール前ならば、ＤＦが自分から視線を切ったタイミングでＤＦの前に走り込めばフリーでボールを受けられる。

紅白戦の時などには、相手のＤＦにどういう動きをすると嫌なのか、訊くことも多かった。大学選抜やＢ代表でディフェンスのポジションをする時、それはそれで面白かった。ＦＷであれば、相手ゴールに背を向けてボールを受けることがほとんどだが、ＤＦであれば前を向いてボールを持つことができる。ＦＷでは、気づくことのできなかった広大なスペースを視野にとらえることができた。その解放感からか、「ちょっと前に行ってくる」などとディフェンスラインのほかの選手に言って前線に上がっていくことも多かった。

日本代表の不動のキャプテンとして活躍した長谷部《はせべ》誠《まこと》選手は、日本代表ではボランチでプレーしていたが、ドイツの所属クラブではＣＢでプレーしている。また、日本代表のＣＢとして定着した冨安健洋《とみやすたけひろ》選手は、イタリアの所属クラブでは右ＳＢでプレーしている。

異なるポジションでプレーすることは、ピッチ全体を異なる方向から見るということでも役に立つだろう。また、一つのポジションしか経験していなくて伸び悩んでいるとしたら、違うポジションを経験してみることも成長のきっかけになるかもしれない。たとえそのポジションが自分の希望するポジションではなかったとしてもだ。

足元のボールばかり見てしまう自分がゴールを決めるために

僕の視力は、学生時代に視力検査をすると二・〇は必ずあった。本来であれば、その視力で相手選手の表情を読み取って、自分のプレーの動きに反映させたいところだ。

しかし、僕は小学生でサッカーを始めて以来、どうしてもヘッドダウンして足元のボールばかりを見てしまう癖が抜けない。

なぜ、ボールばかり見てしまうのかというと、自分の足元のテクニックが拙《つたな》いので不安になり、どうしてもボールに意識が集中してしまう。ボールばかり見て周りが見えなくなりがちなのだ。

抜群のボールコントロール力、テクニックがあれば、もっと他のプレーに気を配ることができる。そうしたプレーができたらいいなと思いながら、現在の年齢になってしまった。

日本代表FWで、ドイツでプレーする大迫勇也《おおさこゆうや》選手のすごいところは、足元のテクニックがあり、なおかつ視野も広いということだろう。

僕も基礎練習でパスをしている時に、とにかく周りを見ながら、ボールを受けるということはやっている。たまにパサー（パスの出し手の選手）がボールを出した瞬間、転がってくるまでに、周りを見てやったほうがいいだろうなと、ぱっと見た時に、もう足元近くまでボールが来ていて、ミスをしてしまうこともある。周りを見るタイミング、首を振るスピードが重要なのだ。

ボールのスピードが速くても、ボールをコントロールするだけならば、当然相手も自分の前に入ってくることができないから、周囲を見なくていいのかもしれない。緩いボールだと、ぱっと相手の動きも見られるが、そのぶん自分がボールを迎えに行かなければＤＦに前に入られてインターセプトされてしまうことにもつながる。ボールを受ける前にどれだけ周りの状況を把握でき、プレーに反映できるかが重要だ。蹴ったあとのボールのスピードや、コースによって、プレーの判断を変えていくのも重要だ。もうこれしかできないという凝り固まったものではなく、もっと柔軟性をもち、その場に合ったプレーに対応していくことができないと、ピッチに立つことは難しいと感じる。

判断力、柔軟性は、普段の練習で常に意識し、周りを見て動けるかによって養われる。とにかく見て、動きながらパスを出すというスキルは、小中学生ぐらいで確立しておきたい。

ゲームの全体像をイメージし、全体像のなかの自分を意識できる選手が、一流と呼ばれる選手だと思う。俯瞰《ふかん》ができればいいなと思う。鳥の目が欲しい。鳥のように上からの視点で自分のポジションがわかっていれば、どこが空いているかわかるから、そこに身体をもっていくことができるし、敵のポジショニングがわかれば、敵が来ていないのに「後ろからものすごい勢いで来ているんじゃないか」というプレッシャーを感じることもないだろう。

ただし、こうした状況判断をプレーに活かせる技術がなければしょうがない。あそこにボールを落とせばいいとわかっていても、実際にボールを落とす技術がなければ、せっかくの鳥の目も無駄になってしまうからだ。全体像を俯瞰する感覚を磨いていけば、技術も磨かれていくのか。それとも、技術を磨いていくことによって全体像がだんだん見えてくるのか。どっちが先か僕にはわからないが、両方もち合わせることが重要である。

ゲーム中の声の掛け合いがチームの連動を生む

ピッチ全体を三六〇度俯瞰して見ることができ、試合時間を逆算して考えていくうえでも、チームの仲間とのコミュニケーションはより重要になってくる。なぜなら、三六〇度を自分一人で見渡すのは困難だし、時間のすべてで自分がボールをコントロールするのは難しいからだ。

サッカーの試合では、後ろからの声が非常に重要になってくる。ボランチ、ＣＢ（このポジションの選手だけに求められることではないが）の選手たちがどれだけ前に、横に、後ろに声掛けできるかだ。

僕がFWとしていちばんやりやすかったのは、後ろにいる選手がボールを追うラインを決めてくれて「そこまででいいよ」と言ってくれることだった。体力的にすごくラクになる。どこまでも追い、そこから攻撃にもスピードとパワーをもって臨めるのであれば、それに越したことはないが、試合終盤には体力が残っていないのだ。

ジュビロ磐田では、MF（ミッドフィルダー）の名波浩《ななみひろし》がそれを言ってくれた。

「ゴンちゃん、もうちょっとハーフラインから五メートルぐらいまででいいよ。そこまで追ってくれたら、あとは俺らで行くから」

などと言ってくれたので、僕としては非常にやりやすかった。

他のプレーヤーがボールを追っていく時には、僕のほうから「右切れ」「左切れ」「もうちょっと寄せろ」などと声を掛けていた。そうやってボールが出てくるコースを限定して、自分はそこに行けばいい。

自分がラクをしたいなら、とにかく声を掛けるべし。何も声を掛けないと、右に行きかけたり、左に行きかけたり、また右に戻ったりということになって、自分自身がどんどんしんどくなってしまう。

声を掛けても狙いどころにボールが出てこないなら、「もっと右！」「もっと寄せろ！」と、さらに厳しく声を掛けなければいけない。

実際に、強いチームはゲーム中に声の掛け合いをよくしている。それによってチームの連動が生まれ、勝ちにつながっていくからだ。声の掛け合いが無意識のうちに自然にできるようになれば、チームとして非常に成熟したといえる。

余談だが、さらに成熟しレベルが上がると声が消える。声を出さずとも自分たちが意図する動きができる。声によって自分たちの狙いを敵に悟《さと》らせることがなくなるのだ。

反応できない自分がミスパスにしている

試合で自分の力を最大限活かすには、練習の時にしっかりと自己主張して、仲間をうまく使うことが大事だと思う。そのために必要なのは、発信力と伝達力だ。

発信力とは、「俺はこういうプレーをもっているよ」「こういう能力があるよ」と、自分の特徴をアピールする力のこと。

次に必要な伝達力とは、自分と仲間を活かす双方向のコミュニケーションだ。たとえばＦＷなら、「自分が点を取るために、どこのポイントに、どんなタイミングで、こういうパスが欲しい」と、言葉で明確に伝える。「感じてくれよ」ではダメ。自分が考えていることは声に出さなければわかってもらえないのだから、最初は言葉ではっきりと指示を出す。それができるようになって初めて、周囲は感じられるようになる。

指示を出すからには当然、仲間が出したパスを自分がどう受け取るかをしっかり考え、「それをナイスパスにするのもミスパスにするのも、自分次第だ」と肝《きも》に銘《めい》じておくべきだ。仲間を使うということは、仲間に活かされることでもあるのだから。

ジュビロ磐田時代の僕は、元ブラジル代表のドゥンガや正確なパスでFW陣を操る名波、藤《ふじ》田俊哉《たとしや》、奥大介《おくだいすけ》などレベルの高いMFが自分にボールを集めてくれるなかで「活かされている」と感じていた。「あいつらが出したパスに反応できない自分、追いつけない自分が、それをミスパスにしているんだ」と思っていた。

一方、指示を出された側に必要なのは受信力。「こいつの能力を活かすも殺すも、俺次第なんだな」と受け止め、「俺のせいで、こいつをダメな選手にしちゃいけない」と思えるかどうかだ。

こうしたコミュニケーションをとって全体としてのチーム力を高めていくには、練習時に仲間がどういう動きをしているかよく見て、意識に焼きつけておく必要がある。そもそも、練習とはそのためにある。

クラブチームには練習時間がたっぷりあるので、そのなかでコミュニケーションをとりながらチーム力を高めている。

代表チームになってくると、当然活動時間は限られているが、短い時間のなかでも仲間の力を見抜き、それに自分の力を融合させる。仲間の能力を見抜く力のある選手ばかりだし、「あいつはこういうパスを出すだろう」と予測してうまく反応するFWもいる。だからこそ「代表」なのだ。

いつも後輩に怒られていた

一九九六～九八年、僕はジュビロ磐田の主将とゲームキャプテンを務めさせてもらった。九七年の2ndステージで、チームはJリーグ初優勝。1stステージ優勝の鹿島アントラーズとのチャンピオンシップで、僕は三ゴールを挙げチャンピオンシップMVPも獲得することができた。磐田のJリーグ初制覇に多少なりとも貢献することができたのではないだろうか。

九八年には1stステージで優勝、2ndステージは二位。チャンピオンシップでは鹿島に敗れたが、ナビスコ杯で優勝。このシーズン、僕は二七試合に出場して三六得点（リーグ戦最多得点記録）を挙げ、JリーグMVP、得点王などのタイトルを獲得することができた。

この時期に磐田の黄金時代の礎《いしずえ》が築かれたわけだが、僕自身は「主将としてチーム全体をどうまとめていくか」という大袈裟なことは考えなかったし、細かい指示もあまり出していない。チームが強い時には、それぞれのポジションにリーダー格として指示や要求を発信する選手がいるので、彼らに任せておけばよかったのだ。

ただ、チームの最年長者として選手たちをサボらせないようにすることは心掛けたつもりだ。向上心と危機感を常にもたせるようにし、お互いがサボらない、サボらせないようにしようと働きかけた。練習でも試合でも全力で走り回った。

「最年長の俺がこれだけ走ってるんだから、お前らにやれないわけないだろ？　若いお前らは、こんなのやって当然だよ」と、言葉ではなく行動で示すことのほうが説得力があると思っていたからだ。

これは、自分自身に課していたことでもある。常に全力で走っていなければ、自分は試合に出られないし、ポジションを他の選手に譲らなければならない、という思いが強かったのだ。僕がそれをやり続ければ、結果として周りにも「常に全力」を意識させることになると考えていた。

そんな僕だが、試合では年下のチームメイトに怒られ、謝ってばかりだった。後ろの選手が僕に預けようとしたボールをキープできなかったりすると「おい、キープ！」と声が飛んでくるし、シュートを外すと「決めろよ！」と怒鳴られる。そのたびに自分の不甲斐なさに嫌気がさし、「申し訳ない！」「ごめんごめん」と言いながら、「次のプレーで取り返すしかない」と自分に言い聞かせていた。ピッチ上で年齢の上下は関係ないと思っていたから当然である。

当時の僕は、技術も意識もレベルの高いチームメイトから、「どんなパスにも反応できなきゃ、自分のポジションはとれない」という課題と危機感を教えてもらう日々だった。そのなかで、サッカーに対する意識をより高くすることができた。

僕がMVPや得点王などのタイトルを獲得できたのは、チーム全体のレベルが高かったからだ。タイトルを獲っても驕《おご》らずにいられたと思っているが、それも、チームメイトのおかげだ。

「勝つためなら嫌われ役になる」と思えるか

磐田が黄金時代の礎を築いた時期に、強烈な個性でチームを牽引《けんいん》したのはドゥンガだ。彼は、一九九四年W杯アメリカ大会の全試合に出場して、決勝トーナメントからはキャプテンとしてブラジルを優勝に導いた。九五〜九八年に磐田でプレーし、のちにはブラジル代表監督を務めている。

ドゥンガはとにかく勝ちにこだわる人で、チームが勝つうえでよくないプレーを仲間がすると、試合中でも苦言を呈した。僕もよく怒られた。

仲間にダメなところを気づかせるには、その場で言うのがいちばんだ。ただ、ドゥンガの言い方は半端じゃなかった。「苦言を呈す」なんてものではなく、怒鳴りつけるのだ。

ある試合で、高原直泰がドリブルでもち込み強引に打ったシュートが相手DFに当たってCKになった。その時、ほかにフリーの選手がいた。それでドゥンガは激怒し、「なんであいつにパスを出さないんだ⁉　そんなに一人でサッカーをやりたいんなら、お前が全部やれ！」と怒鳴りつけ、高原にCKを蹴らせたのだ。

高原は「FWなんだから自分が決めたい」と思ったのだろうし、当然決める自信もあったはずだが、ドゥンガにはそれが自己中心的なプレーに見えたようだ。その後もこの試合では、CKもFK（フリーキック）も全部高原が蹴った。

試合の前半を終えて控え室に入っていく時、ドゥンガが仲間をつかまえて「お前のポジションはこうなんだよ！　身体の向きはこうなんだよ！」と、観客の前で怒鳴りつけることもあった。今ならパワハラだと非難を浴びるかもしれない。

観客の前で恥をかかされた選手は、「なんでわざわざここで言うんだ。控え室に入ってからでいいじゃないか」と思う。僕も「よくやるな、こんなところで」と思う半面、ドゥンガはいち早く選手に気づかせるために、あえて控え室のなかや試合後ではなくその場で怒鳴っているようにも思えて、「一種のパフォーマンスも兼ねているのかな」と感じた。

ドゥンガのやり方は、チームメイトに嫌われることを恐れていてはできない。彼は僕に、

「別に嫌われることなんて平気だ。チームが勝つためなら言い続けるよ」

と話してくれたことがある。

彼の苦言はいちいち的《まと》を射ていたが、「そこまで言うか？　別の言い方もあるだろ」と思うことも僕にはあった。だが、自分自身もプレーしながら仲間を怒鳴り続けるのは、相当なエネルギーを使う。言わないほうがラクなのに、怒鳴り続けた彼は本当にすごい——。

僕自身はそう思っていたけれど、なかにはドゥンガに苦手意識をもつ選手もいたはずだ。しかし、二年、三年と一緒にプレーして怒鳴られ続けるうちに、周りの選手の意識は変わっていった。最初は萎縮《いしゅく》して何も言い返せなかった選手たちが、ドゥンガに対抗する態度を取りはじめたのだ。

「俺はこういう考えで動いたんだ」と面と向かっては言えないにしろ、表情で意思表示できる選手が増えていき、やがて言葉で伝える選手も出てきた。

ドゥンガと舌戦を展開するようになってから、明らかにチームは成熟し、最終的に、ほぼ日本人だけでリーグ優勝を果たすことができた。怒鳴り続けることをやめなかったドゥンガの信念や行動がチームを成長させ、結果につながったのだと思う。

ドゥンガが磐田を去ったあとは、彼に怒鳴られまくっていた名波や服部年宏《はっとりとしひろ》ら若い選手たち

がその役をするようになり、ドゥンガが要求したことをチーム内に発信してくれた。

皆、怒鳴られた時は「こんちくしょう！」と思っただろうが、その悔しさから、より高い次元の力が生まれたのだ。ドゥンガがそこまで計算していたのなら、本当にすごい選手だ。

逆算思考の判断はやり続けることでわかる

年齢とともに、体力を温存してプレーの質を高める必要が出てくる。若いうちから体力の温存を考えていたら成長はない。疲れても惜しまずに動き、試行錯誤を続けることが大切だ。だから切り替えの速さと意識。それを身体にしみ込ませる。

僕が今指導するアスルクラロ沼津U－18の選手たちには「絶えず動いていろ（時には動かないことも必要だが）」と言っている。

高校年代、ユース年代で、それができている選手は、絶対にスカウトやコーチの目に留まるはずだ。そこからチャンスをつかんで、次にステップアップするのは絶対重要だ。

絶えず動いたことによって、あとはプレーを削っていく作業のほうがラクになってくる。動いていないところから動くことは、すごく大変だろう。

すべてのボールに対して反応していくなかで「これは違う。あれは違う」とプレーに対する感度が磨かれていくはずだ。

そして、必要なプレーと不要なプレーがわかれば、体力の温存にもつながる。

味方チームの今ボールを持っている選手、相手チームのDF、GK（ゴールキーパー）の動きを見ながら、どこに自分が行けばいいのかを瞬間に判断して、プレーの質を高めていけるか。全部が全部行けることがいちばん理想だとは思うが、それは体力的にもきつい。だからこそ、質が大切になってくる。

余分な動きではないが、それをやり続けてきたからこそ、これはやらなくてもいいだろうという判断になって、プレーの選択から引くことができる。

つまり、逆算思考でプレーをシンプルにしていく判断は、やり続けて回数を重ねてこそできること。若い選手はとにかく惜しまずに「やる」ことが大事。最初からそれを怠《おこた》っていたら、成長はない。やり続けているなかで、こういうケースではこうだろう、ああだろうというものが思い浮かび、活きてくる。質の高い動きができるようになれば、それは自分の獲得したものだろう。年齢を重ねてくると、当然、走る量も減ってくる。そのなかで走る質を高めることは、重要になってくる。

でも若い選手たちであれば、疲れた云々《うんぬん》ではないので、そこを惜しまずにやってほしい。

逆算していく習慣

一九九〇年のW杯イタリア大会で得点王を獲ったスキラッチ（トト）は、こぼれ球を決めたりする泥臭いゴールが強烈に印象に残っていた。しかし、実際に一緒にプレーしたトトは、ボールタッチが繊細で相手の逆を簡単に取ってしまう。小学生の時に教わった、重心移動でフェイントをかけて相手を抜くテクニックの質のはるかに高いものを見せられたという思いだった。ボールを跨《また》いだりするなどのテクニックがあればいいと思っていたが、そのあまりにシンプルなテクニックで確実にゴールを決める彼には心底驚かされた。

ゴールを決めるポジショニングも抜群だった。だからこそ、正直言えば「どけよ」って思う時もあった。入れ替わってくれたら、そこが空いて入っていけるのに、どいてくれない。トトとは試合の前泊のホテルで同部屋で、テレビのリモコンは常にトトがキープしていた。日本語がほとんどわからないのにリモコンは手放さない。ゴール前でも同じような状況だった。だから僕は、しょうがないなと思ってそれを見ながら、ニアに詰めに行く。そうするとトトがフリーになるから、それもまた一つだなとやっていくうちに、前章でも触れたが、ゴールを狙うにしても自分が決めるよりトトがシュートしたほうが確実だろうなという思いから、トトにパスをしていた。これも逆算していけば、チームが勝つための方法論だ。

ただ、試合に応援に来てくれていた家族は、チームのプレーには何も言わないが、僕のプレーに関しては「なんであなたがシュートを打たないの」と言っていた。正直、家族から突っ込まれるとは逆算して予想できていなかった。

今は沼津で一人暮らしをしているが、約二年前までは沼津に週二回通う生活をしていた。沼津に行っていない間のトレーニングは、東京の事務所や公園、自宅で行っていた。

仕事で外出する予定がある時には、逆算してその三時間前からトレーニングを行う。「今日は自転車と筋トレ」などと、そのメニューに費やす時間を考えて、外出に間に合うように行う。

遠い夢や目標に対しては、少しずつ積み重ねていき、身近な目標、サッカーの試合や日々の生活などの時間が把握できるものには、ゴールを想定したうえで逆算して行動していくことが習慣になっているのかもしれない。

前にも触れたが、自分を客観視することが、ゴールを設定し、そこに向かっていく習慣に結びついているのかもしれない。

第三章

大一番に強いメンタル

二十三歳で人生の岐路に立つ

一九九〇年春、僕がヤマハ発動機に入社しサッカー部に入った当時は、まだJリーグがなく日本リーグ時代だ。

会社での配属先は人事部。中間管理職の人のための教育採用グループという部署で、最初は書類のコピーや封筒のサイズ合わせなどをした。たいした仕事もしないのに、好きなサッカーをやって給料をもらえて生活が成り立つ。しかも、それを応援してくれる人もいる。「こんな素晴らしい環境はないな」と、僕は幸せでしょうがなかった。

会社で仕事をするなかで、サッカーでは見られない人間の一面を見たような気もした。

僕の部署には、中間管理職の人たちが受けたセミナーのレポートなどが提出されてくる。期日までに提出物が届いていない人がいると、新人の僕が電話で催促した。

「お忙しいところすみません、人事部の中山です。先日のセミナーのレポートがまだ届いていないんですが」と言うと、たいていの人は「申し訳ない、すぐ提出する」と答えるが、なかには「え？　出してなかった？」と、言う人もいる。業務が多忙でうっかり忘れてしまったのかもしれない。理由はどうであれ、そういう人の機嫌を損ねないようにしつつ、提出物を回収する。

社会人としてこうした勉強もしながら、僕は一九九三年のJリーグ開幕を一日千秋の思いで待っていた。当然ながらヤマハ発動機は、初年度からのJリーグ参戦に名乗りを上げている。そこで戦っていけば、自分の努力次第で日本代表に入れるかもしれない。

ところが、九一年二月に発表された参加一〇クラブのなかに、ヤマハ発動機の名前はなかった。

これからどうすればいいんだろう——。

二十三歳の僕は、人生の大きな岐路に立たされた。

九三年にはW杯アメリカ大会の予選があるので、今から自分の存在をアピールしていかないと日本代表を逃してしまう。ここで代表候補に名を連ねられなければ、もう一生代表に選ばれずW杯にも挑戦できなくなる、と僕は思っていた。

では、どういう選択をすれば代表への道が開けるのか——。

考えられる選択肢は二つ。Jリーグに参加が決まったクラブへの移籍か、ヤマハ発動機に残って自分の存在をアピールしていくかだ。

Jリーグ入りを希望する選手のなかには参加が決まったクラブに移った人もいた。実は、僕も清水エスパルスから声を掛けていただいた。ただ、エスパルスはまだチームがなかったので、Jリーグ開幕までの一シーズンは公式戦がまったくない状態になる。そのため、エスパルスに移籍した選手は一年間ブラジルに留学していた。

自分がこの選択をした場合、ブラジルで代表入りに向けてインパクトのある活躍ができるかどうかわからない。仮に活躍できたとしても、日本にその情報がどれだけ届くかは未知数だ。今ならインターネット上の動画でリアルタイムに海外の情報が発信されるが、当時は新聞や雑誌などで紹介される程度だった。

熟考の末、僕はヤマハ発動機に残ることを決めた。すべては日本代表に入るためだった。

自分を伸ばしてくれるのはゲームの緊張感しかない。互いに性格やプレースタイルをよくわかり合っている今のチームメイトと日本リーグを一シーズン戦おう。そこで活躍して自分の存在をアピールすれば日本代表入りにつながるはずだ――。

この時も僕は逆算思考をしていた。

ヤマハ発動機の一員としてJリーグに参加したい気持ちももちろん強かったが、最大の目標は日本代表入り。その場所に立つためにいちばん行きやすいルートを逆算で考え、リスク面も勘案したうえで決断を下したのだった。

Jリーグ開幕時の悔しさを原動力に

僕にとって、Jリーグでプレーすることと日本代表に入ることは、どちらも捨てがたい夢だった。

清水エスパルスのオファーを受けていればJリーグでプレーする夢はすぐに叶ったが、当時は日本代表に選ばれて世界と戦うことが最優先だと考えていた。

だから、一九九一〜九二年シーズン（当時は秋春制）の日本リーグの途中で左肩の靭帯《じんたい》を切った時、手術は受けなかった。手術をすると三カ月はグラウンドに立てないと医師に言われたからだ。それでは何のためにこのチームに残ったかわからない。腕を吊ったまま練習を続け、三週間ほどすると多少の痛みはあっても接触プレーがある程度できる状態になったので、試合に復帰した。

このシーズン、僕は一五得点で得点ランク二位（日本人で一位）でベスト11《イレブン》に選出してもらった。ただ、世間の関心はJリーグ開幕に向いていて、さほど注目されなかった。そして僕自身、得点数にもの足りなさを感じていた。日本リーグのトップチームの試合には、日本代表監督に就任したハンス・オフトが視察に来て、代表候補になりそうな選手をチェックしているはず。そこで生き残っていくには、これまで以上にFWとして数字を追求しなければいけなかったからだ。

幸い、オフトは僕に目を留めてくれたようで、日本代表に選ばれた。Jリーグの一つ下のカテゴリーのJ1（JFL1部）から代表に選ばれたのは、僕と吉田光範《よしだみつのり》さん（ともにヤマハ発動機）の二人だけだった。しかも、僕はＦＷとして呼ばれたのだ。

チームではＦＷとして戦っていたので当然といえは当然なのだが、それまでは日本Ｂ代表などにディフェンシブなポジションで呼ばれることが多く、オフェンシブなポジションであってもサイドプレーヤー的な仕事を要求されていた。それだけに、日本代表という最上級のカテゴリーにＦＷで呼ばれたことが嬉しかった。

その一方で、Ｊリーグ元年の九三年には悔しさも味わった。

五月十五日のＪリーグ開幕日、ヴェルディ川崎対横浜マリノスの試合を寮のテレビで観戦した。会場の国立競技場は、五万九〇〇〇人以上もの観客で埋め尽くされていた。

Ｊ１の試合にも多くのサポーターが応援に来てくれたが、Ｊリーグの試合と比べると、どうしても見劣りした。このシーズン、ヤマハ発動機はＪ１で準優勝したが、僕は試合のたびにスタンドを見ながら「ちくしょう！」と心のなかで叫んでいた。

でも、その悔しさがあったからこそ、チームも僕も成長できたと思っている。

九三年にヤマハ発動機は「ジュビロ磐田」と改称し、翌九四年、Ｊリーグに参戦。僕は三月十二日の鹿島アントラーズ戦でＪリーグデビューし、一週間後のヴェルディ川崎戦でＪリーグ初ゴールを挙げることができた。磐田は九七年にＪリーグ初優勝を果たし、急成長していった。

「俺は犬にだってなってやる。どんどん指笛吹いてくれ」

僕の世代は、日本サッカー界の過渡期に居合わせた。Ｊリーグ開幕前は、野球場の外野を借りて練習したこともある。Ｊリーグが始まると練習環境も試合環境も整備されていき、サッカー熱の高まりで多くの人が僕らに注目してくれるようになった。

すべてがいいほうへ、いいほうへと変わっていくなかで、僕は大好きなサッカーに打ち込み、夢に見た日本代表に選ばれた。その先にあるもう一つの大きな夢、Ｗ杯出場を果たすために、どんなことがあっても代表という場所に居続けてやると思っていた。

オフトは日本代表監督として初の外国人だったので、周りの選手は「どういう方針なのか」と構えていた部分もあったと思うが、僕自身は初めてのフル代表なので構えるもなにもなく、オフトの方針に従うしかない。監督の要求に応えるには、これまで培ってきたものをすべて出しきれるかどうかが勝負だ。何か特別なことをやろうとしても、付け焼き刃でできるわけがない。

試合にはもちろん出たいが、出場できない場合に自分をどうアピールするかも考えた。それは、日々の練習でどういうプレーをするかにかかっている。だから、常に緊張感をもって代表の練習に参加した。

練習やミーティングでは、中心選手のラモス瑠偉さんがそのやり方を巡ってオフトとたびたび衝突していた。僕はそのたびにドキドキした。ラモスさんはとても強い人だし、自分に自信があるから監督に対して堂々と意見を述べ、戦うことができる。日本人にはなかなかないメンタリティである。

ラモスさんは、オフトが練習中に指笛を吹いて練習を止めると、

「俺たちはあんたの犬じゃない！」

と突っかかっていくこともあったが、僕はこう思っていた。

「俺は犬にだってなってやる。どんどん指笛吹いてくれ。言われたことをやってやる。だって俺、ここに残りたいから」

ラモスさんやカズさん、オフトジャパンのキャプテンを務めた柱谷哲二《はしらたにてつじ》さんのように実力が突出している人や、僕と同期の井原正巳のように周囲に認められている選手なら、監督と衝突したとしても良い意味での緊張感が高まり、チームの成長につながるだろう。衝突しながら理解を深めていけることだってあるはずだ。

でも、僕は自分を〝替えのきく選手〟だと思っていたので、オフトに反発することはなかった。僕のような選手が代表として生き残るためには、言われたことだけをやっているだけではダメだが、まずは監督の指示を忠実に遂行することが絶対だと考えていたからだ。

巡ってきたチャンスを活かすには準備がすべて

オフトジャパンにとって初の国際試合は、一九九二年五～六月に行われたキリンカップだった。日本、アルゼンチン、ウェールズの三チームの戦いで、一戦目のアルゼンチン戦に僕は先発出場した。

会場の国立競技場は五万人の観客で超満員。対戦相手が強豪アルゼンチンということもあるが、オフトジャパンに対する注目度の高さを物語っていた。それまで日本代表の国際親善試合に、これほど多くの観客が集まったことを僕は知らない。まして、僕がいるJ1ではホームの試合でさえお客さんの数が激減していたので、「こんなに違うのか！」と衝撃を受けた。

「すごいな！　やっぱり代表っていいな」とビッグゲームに先発する喜びを噛《か》みしめたが、試合は0－1で敗北。それなのに僕は試合から帰る時、「ああ、先発でよかったな」くらいにしか思っていなかった。いまさらながら恥ずかしい。なんて呑気《のんき》なやつなんだ！

それ以来、僕は先発から外された。アルゼンチン戦でオフトの求めるサッカーを体現できず、信頼を得られなかったからだ。同年夏のダイナスティカップや、秋に開催されたAFCアジアカップでは、カズさんと高木琢也《たかぎたくや》が不動のFWとなった。

なんであの時、チャンスを活かせなかったのか。僕は自分を責めた。ガブリエル・バティストゥータやクラウディオ・カニージャなどアルゼンチンの錚々《そうそう》たるメンバーを前にして、もっとガムシャラにいけたんじゃないか？　もっとボールを要求し、もっとチェイスできたんじゃないか？

それができなかったのは実力不足もあるが、準備も足りなかったかもしれない。巡ってきたチャンスを活かせるかどうかは、それまで自分が積み上げてきた経験を一〇〇％出すための準備が、しっかりできているかどうかにかかっている。そこに焦点を当てて自分を鍛え直し、オフトの信頼を取り戻さなければ、俺はもうスタメンに入れないだろう――。

カズさんと高木の2トップという形は、試合を重ねる過程でオフトのなかにでき上がっていったものだから、不満や異論はなかった。ただ、オフトはレギュラーメンバーを固定させる傾向があるので、そのなかに自分が割って入るのは難しいと考えていた。

そこに挑んでいこうという気持ちももちろんあったが、二人と同じプレーは僕にはできないのだから、気持ちを切り替えて自分のプレーをするしかない。

先発が無理でも、サブから試合に出場した時に、また使ってもらえるようなインパクトのあるプレーをオフトに見せていくしかない。試合に出るチャンスが来たら、もてる力をすべて出しきってチームのために働こう。チームが戦い方を変えるような時に、自分が入っていって勢いをつけることができればいいじゃないか。その時にしっかり入っていけるよう準備を整えておかなければいけない――。
僕は、こう考えるようになっていった。

監督の読みとコンセプトが結果に結びつくとチームの雰囲気はよくなる

僕がオフトのことを「すごいな」と思ったのは、一九九二年に北京で行われた第二回ダイナスティカップだった。

初戦は韓国に0－0の引き分け。二戦目の中国戦の試合前、オフトは僕たちに言った。

「相手は立ち上がり二十分間に猛攻を仕掛けてくる。ホームだから観客は当然沸く。その二十分間を、とにかくしのげ。そうすれば観客も自然と我々を応援するようになる」

この言葉どおり、中国の猛攻に落ち着いて対処するうち、二十分過ぎから相手の攻撃は勢いが弱まった。そして日本がゴールを決めてリードすると、中国サポーターは日本にも声援を送るようになった。後半開始前にもオフトは「最初の二十分をしっかり抑えろ」と同じことを言った。試合展開はそのとおりになり、日本は2－0で勝利した。

ベンチにいた僕は、「なんだよ、監督の言うとおりになったよ」と、いまさらながら感じ入ってしまった。基本的なことだが、監督の指示を選手がきちんと遂行すれば、試合を自分たちのものにできる。その力が日本にはかなりついてきたと感じ、「この力を向上させていければ、W杯は近くなるのかな」という感触を得ることができた。

次の北朝鮮戦を4－1で勝って迎えた韓国との決勝戦。僕は0－1で負けている時点で投入された。

八十三分、ラモスさんからの縦パスをトラップしてゴールに向き合った時、僕は不思議なくらい落ち着いていた。世界に存在するのは、ゴールとGKと自分だけ。味方も敵も観客も見えず、何の音も聞こえない。

いつもなら思いきりシュートしてゴールを狙うところだが、向かって右側のサイドが空いているのがわかった。「あそこを狙えば必ず入る」と確信し、サイドキックで同点ゴールを決めることができた。

実際には一秒にも満たない時間だったのに、スローモーションのようにゆっくりと時間が流れているように感じた。これを「ゾーン」と言うのかわからないが、めったにない感覚だった。ただ、冷静だったのはそこまでで、ゴールを決めてからは半狂乱になってしまった。

僕にとって記念すべき代表初ゴール。「よし！　これで俺はいけるんじゃないか」と大きな自信を得て、「絶対にここで生き残っていくぞ」との思いがいっそう強くなった。

日本はこの試合でPK戦を制して優勝した。前回（一九九〇年）のダイナスティカップにも僕は呼ばれたが、日本代表は一勝もできず最下位だった。そして今大会も事前の予想では、最下位候補だった。日本からのメディアも少なかった。しかし、下馬評を覆《くつがえ》し、選手たちはそれなりに自信をもってプレーしていたと思う。オフトの指導の賜物《たまもの》といえるかもしれない。

オフトが僕たちに求めたサッカーは、「スモール・フィールド（DF、MF、FWの3ラインをコンパクトに保って選手間の距離を縮める）」「トライアングル（ボール保持者の周りで三角形のパスコースをつくりながらパスを回す）」「コーチング（声掛け）とアイコンタクト（目線の合図）」など。ことにトライアングルについてはうるさく、攻守ともに常に三角形をつくりながら動くよう要求した。

どれも単純なことだ。本来ならユースレベルが学ぶようなことを一から指導していたため、「俺たちはそんな子供じゃないんだよ」とオフトに反発する選手も多かった。

けれど、オフトが指導することを実際にやってみると、選手間でやることがはっきりした。一つひとつのプレーへの意識は高くなり、それがチームとしてうまく機能し、ちゃんと結果が出てくる。ここが非常に重要だ。

先述のダイナスティカップ中国戦での「最初の二十分をしっかり抑えろ（実際の指示はこれだけではなく、もっと細かい指示もあった）」にも言えることだが、監督の指示どおりにプレーして結果が出れば、選手のなかにくすぶっていた監督に対する不安や疑問は消えていき、チーム全体がいい雰囲気になっていく。

オフトの采配が結果に結びつくたびに、選手との溝は徐々に埋まり、それに比例してチームの状態は上向いていき、日本は同年秋のＡＦＣアジアカップでも優勝することができた。

いい加減な自分と真摯な自分を併せもつ

僕はオフトジャパンでサブとしてよく使ってもらっていたので、日々の苦しい練習メニューに向かう時も、モチベーションを高く保つことができた。

だが、控え選手のなかには、まったく使ってもらえない人もいる。それでも、日々のメニューをこなさなければならない。いざ出場となった時に仕事ができないからだ。試合に出た選手たちが次の日の練習をジョギング程度で終わるのを横目に、サブは強度の高いトレーニングを続ける。

こうした状態が続くと、どうしても気持ちが沈みがちになり、モチベーションを保つのが難しくなるのだが、オフトジャパンの控え選手は皆、お互いが声を出し合い、盛り上げて緊張感のある練習をしていた。

レギュラー組と紅白戦をする時には、サブ組が「仮想イラン」のように相手チームの役になり、「おい、この試合勝っちゃおうぜ！」と声を掛け合い気合いを入れていた。サブ組が紅白戦に勝ってレギュラー組に刺激を与えれば、チーム全体の士気がいっそう上がるからだ。

僕たちが「仮想イラン」になった時、武田修宏は足の速い「仮想ザリンチェフ」（イランのSB）。本職のFWでないため内心は複雑だっただろうが、ひたむきに役目を全うしていた。こういう時こそ「俺がやってやるぜ！」と気持ちを上げないとダメだと、彼はよくわかっていたんだと思う。サブはサブとしてまとまりながら、チームをよい方向にもっていこうとする雰囲気が、オフトジャパンにはあった。

しかし、控え選手には胃が痛くなるような葛藤もある。

「試合には出たい。でも、自分が試合に出るのはチームがピンチになった時」というもどかしさ。残り時間わずかで投入された時には、「冗談じゃない。最初から使ってくれるんならともかく、たったこれだけの時間で何をしろっていうんだ！」と苛立つこともある。

僕自身、オフトジャパンで「スーパーサブ」と呼ばれることには複雑な思いがあった。ただのサブよりは「スーパー」がついている分いいけど、ずっとサブでいることには当然抵抗があり、

「俺ってチームが下痢の時と便秘の時だけ使われるんですよね〜」

と、取材を受けた時に愚痴みたいなことを言ったり、

「オフト、俺はお前を信じる。お前も俺を信じろ！」

と、ふざけて取材カメラの前で鬱憤をぶちまけたりしたことがある。周りの仲間は大爆笑し

ていた。

周りとはちょっと変わったことを言って盛り上がればいいなと思って言った言葉だが、そんなことを言いながらも、「出る時には一発やってやる！」と前向きに考えるようにしていた。

ポジティブ思考ができたのは、次のような割りきりをしていたからだ。

サブで出場して活躍できなかった時は、「こんな状況で使うから悪いんだよ」と監督に責任転嫁する。活躍した時には、「やっぱ俺、力あるよね！」と自画自賛する。

さらに、監督の評価や周りの批判から自分をガードするために、「時間もないこんな状況で、俺に何ができるっていうんだよ。できるわけねえよな」と、自分に対する言い訳も考えていた。もちろん口には出さなかったが。と言っても投げやりな気持ちでプレーしていたわけではなく、与えられた時間を自分のできる精一杯のプレーで満たす覚悟をもってピッチには入っていた。

ただ何もできなかった自分を責めて落ち込むよりも、言い訳をするほうが緊張状態から解放されるし、道理のある言い訳なら自分の成長に悪影響を及ぼすこともないと思う。

もちろん、何もできなかった自分をしっかり見つめ直す必要はある。できなかった理由をいろいろな角度から考え、今の自分がやるべきことへつなげていかなければいけない。

つまり、言い訳をして逃げを打つ〝いい加減な自分〟と、客観的に自分を見て課題に取り組む〝真摯《しんし》な自分〟の両方をもつわけだ。

自分をいちばん甘やかすことができるのは自分。自分にいちばん厳しくできるのも自分。二つの自分をうまく使い分けることが、ポジティブ思考を保つには重要ではないだろうか。

ゴールラインを割りかけていたボールをなぜ追いかけたのか

一九九三年のW杯アメリカ大会最終予選。カタールに入ってからの僕は、自分でもビックリするほど身体にキレがあった。

初戦のサウジアラビア戦の前だったと思うが、練習で動き回っていたら、相手チームについてきた男性が、「あの16番がいちばんキレてるな」と言ってくれた。サウジの記者かコーディネーターかわからないが僕は嬉しくてたまらず、「ありがとう！」と答えながら、心のなかで「そうなんだよ、キレキレなんだよ。俺ってすごいんだよ」と自らを鼓舞していた。

けれど、サウジ戦では出番なし。二戦目のイラン戦でもスタメンではなかったが、0－1とリードされた状況で投入され、奮い立った。

相手に「厄介なやつ」と思われるよう前線で掻き回してやろう。ここでゴールを決めれば俺の評価は急上昇！　また使ってもらえるだろうし、チームにもいろんな変化が起きるはずだ──。

一方で、不安も胸をかすめる。日本は劣勢が続き、「このゲームを落としたらジ・エンド」と思ってしまうくらいの状況だ。ここで何もできなかったら、もう二度とチャンスは与えてもらえない。今までやってきたことがすべてパーになる――。

期待とプレッシャーの両方を抱えながらピッチに入っていった。

八十六分の失点で0－2とされ、日本の敗色は濃厚になった。

その直後、僕はゴールラインを割りかけていたボールにスライディングで追いつき、ほとんど角度のないところから強引に右足を振り抜いてゴールを決めることができた。

すぐにイランの選手が持っているボールを奪い取り、仲間たちを叱咤しながらダッシュでセンターサークルへ戻った。「もう一点！」「俺たちはまだ戦うんだ！」といったことを叫んでいたような気がする。自分としては、残り時間が数分だったので「早く試合を再開させなければ」と走っていっただけなのだが、のちに井原正巳は、「そんなゴンの姿が俺たちの戦意をよみがえらせた」と言ってくれたらしい。少しでも皆の闘志に刺激を与えられていたなら幸いだ。

結局1－2で敗れたが、この試合で日本は〝負けモード〟から復調し、次の試合から連勝した。この日の僕は、ボールへの執着心がいつも以上に強かった。なんとしてもボールに追いつきゴールしたいという気持ちの強さが、あのシュートに結びついたのかもしれない。

「気持ちさえあれば何でもできる」なんていう精神論をぶち上げる気はまったくない。気持ちというのは、とてもあやふやなものだから。でも、気持ちの強さがプレーに反映することは実際にある。

日頃からゴールに向かう意識で練習していれば、無意識のうちに身体がそういう動きをするようになり、ボールへの執着心として土壇場のプレーに現れてくるような気もする。

現状に満足せず、より上を求めて練習で自分を追い込んでいたことで、ボールへの執着心が育《はぐく》まれたのかもしれないと思っている。

「タラレバ」も使い方次第

W杯アメリカ大会アジア最終予選、一分一敗で迎えた第三戦の北朝鮮戦で、僕は先発に抜擢《ばってき》された。イラン戦で高木琢也がイエローカード二枚になったためだ。

試合前夜にオフトから先発を言い渡された時は、もちろん嬉しかった。最初から試合に出たくてうずうずしていたし、スタメンに入ることは選手にとって何よりの自信になる。

だが、日本は残りの試合を全部勝たないとあとがない状態。「先発で出場して何もできなかったら……」と考えると不安でしょうがなく、その晩はよく眠れなかった。

それでも、試合直前には肚《はら》をくくることができた。

「俺にはチャンスと試練が同時に与えられたんだ。やるしかない！」

結果は3－0で快勝。僕は一ゴールを挙げてなんとか務めを果たし、四戦目の韓国戦、五戦目のイラク戦でもスタメンに入ることができた。

土壇場で力を出すには、本番に臨むまでにやるべきことをやり尽くせるかどうかだ。

人は、切羽詰まった時に神頼みをすることがあるが、「神頼みをする前にやるべきことがあったのでは？」という考えにはなかなかなれない。やるべきことをすべてやって神頼みをするのならいいけれど、そこまでやり尽くしていないのに神頼みをするのは調子がよすぎるんじゃないのか？　そんな視点をもつことは自分を強くすることにつながるのではないかと思うし、大事だと思う。

自分自身の成長のためにやるべきことを実行してきた成果は、土壇場で必ず出てくるはず。もし出せなかったなら、「それが自分の実力なんだ」と認めるしかない。

「いやいや、あの時は周りの雰囲気に呑《の》まれてしまって、実力の半分も出せなかったんだ」と言う人もいるけれど、「半分も出せない」ことがその人の実力なのだ。一〇ある力を一〇出せる人が本当の強者であり、今いる場所に留まれる。

普段から、「やるべきことをちゃんとやっておかないと、自分の居場所を失うことになる」と危機感をもっていれば、死にもの狂いで練習にぶつかっていける。

とはいえ、自分では死にもの狂いでやったつもりでも、「あそこでもっと攻めていたら」「あの場面でもっと落ち着いていれば」と、考えることは「タラレバ」ばかり。代表戦でもJリーグでも、その繰り返しだった。

でも、「タラレバ」も使い方次第では意味のあるものになると思う。「もっと攻めていたら、落ち着いていれば」と自分を省《かえり》みて、「できなかったのはなぜなのか」と原因を探し出し、そこを改善して自分にフィードバックできれば、「タラレバ」も悪いものではない。つまり、自己分析の「タラレバ」だ。

ほとんどの人は「タラレバ」で思考を停止するから単なる愚痴になってしまうが、「タラレバ」から自分に足りないものを考え、次につながるものを見つけていけば、成長を促す一つのツールになるかもしれない。

「ドーハの悲劇」は五試合すべての結果

W杯アメリカ大会最終予選で、本大会出場まであと一歩に迫りながらイラクに同点ゴールを許して出場を逃した「ドーハの悲劇」。イラク戦だけがクローズアップされているが、「悲劇」はあの瞬間だけではなく、最終予選の五試合すべての結果だ。

初めの二試合で勝ち点「1」しか取れず、切羽詰まった状態からなんとか持ち直して最終戦までつなげたという意味では、得たものもたしかに大きいが、勝負の厳しさを考えるうえでは、五試合のトータルとして見なければいけないと思う。

第一戦で強豪サウジアラビアに引き分けたことは悪いスタートではなかったにしても、第二戦でイランに負けたのは痛かった。イラン戦で勝てなかった理由の一つは、ラモスさんが徹底的にマークされていたことだ。言い方を変えれば、ラモスさんのように自由な発想でゲームをコントロールできる存在がチームとしてほかにいなかったのだ。

第三戦の北朝鮮戦は3－0で勝ったが、もっと得点できていたはずだ。5－0や6－0でもおかしくないくらい決定的なチャンスがあったのに、それを決めきれなかったのだ。

僕もそのうちの一人だ。強烈に記憶に残っているのは、前半のヘディングシュートがゴールポストに当たって入らなかったシーン。別のシーンでは、GKと一対一になりかけ、GKが前に出ているのでループシュート気味にゴールを狙ったものの、ボールをしっかりとらえられず、あっさりGKにキャッチされてしまった。これ以外にも北朝鮮戦にはチャンスがあった。それらを確実に決めていたなら、得失点差で韓国を上回っていただろうと思うこともある。

第四戦の韓国戦では、五十九分のカズさんのゴールで1－0と勝ったが、そのゴールの前かあとに、ゴール前に落とされたボールを僕はふかしてしまっていた。疲労困憊《こんぱい》していたからだが、「あそこで自分が決めていれば」と悔いが残る。疲れていても、しっかりとした立ち足で振り抜ける筋持久力が、僕には足りていなかったのだ。もっと鍛えて強い自分をつくり上げなければ次のステージには行けない、と思い知らされた。チームは宿敵韓国に勝利したことで暫定一位となり喜びに沸いていたが、ラモスさん、柱谷さんが「このままではまずい」とチームを最終戦に向けて引き締めてくれていた。

最後のイラク戦は、ＣＫの時に倒れている選手がいるほど、皆疲れきっていた。酷暑のなかでの中二日の五連戦で、体力を極限まで消耗していた。でも、それは他の国も同じ条件。日本の場合、同じメンバーでずっと戦っていたことが、過酷な試合環境を勝ち抜けなかった大きな要因でもある。つまり、選手層の厚さが足りなかったのだ。

こうして五試合を振り返ると、一つひとつの試合が大事なのだと改めて思う。ゴールを決めるべき時に決めておかないと、最後にツケが回ってきて苦い思いをすることになる。改善すべき点はほかにも数多くあり、それらの課題を一つひとつ潰していかないと、その先には行けないのかなと感じた。

といっても、僕がこういうことを考えるようになったのはだいぶあとのことで、イラク戦が終わった直後は何も考えられなかった。

ホテルに戻って部屋でシャワーを浴びたが、同室の黒崎《くろさき》比差支《ひさし》（現・久志）とは互いに何も喋らなかった。そのまま寝たくないので、僕は部屋を出てホテル内をふらふら歩き回り、同じホテルに宿泊していたサポーターと話したりしたが、頭がボーッとしていたので明確な記憶はない。悔しさも当然あったが、何かふわふわして落ち着かず、ベッドに入っても目が冴《さ》えてしまい、茫然《ぼうぜん》と一夜を明かしたのだった。

ただ、ラモスさんが試合後のミーティングで「俺はもともと予選までのつもりだった。みんなを本戦に連れていけなくてすまない」という趣旨の話を皆の前でしていた記憶がある。

加茂ジャパンから岡田ジャパンへ

ドーハ後の僕は、オフトの後任監督のパウロ・ロベルト・ファルカンからも代表に招集されたが、股関節のケガのため参加することができなかった。

一九九四年十二月に加茂周《かもしゅう》さんがファルカンに替わって代表監督になり、翌年五月のキリンカップに呼ばれた時、加茂さんが「ゾーンプレスをする」と言った。ACミラン（イタリア）の戦術をモデルにしていたと思う。

途中参加の僕にはよくわからない部分もあったが、最初から代表チームにいる選手に聞いたりして「ボールを持つ相手選手に組織的にプレッシャーをかけてパスコースを狭めていき、ボールを奪ったら一気呵成《いっきかせい》に攻めていく戦術なのだろう」と考え、あとは周りの選手を見ながら実際の動きを理解していった。

キリンカップではスタメンに入り、エクアドル戦で一得点を挙げることができた。六月にイングランドで行われたアンブロカップにも招集されたが、帰国後はずっと呼ばれず、代表への思いを胸に秘め黙々と練習をしながら一サポーターとして日本を応援する日々が続いた。

僕が加茂ジャパンでプレーしたのはわずかな期間だが、加茂さんはオフトの戦い方をベースにしたうえで、より積極的・組織的な守備で相手のボールを奪いにいこうとする意識を選手たちにもたせた、という印象がある。

やがてW杯の季節が巡ってきて、一九九七年九月にフランス大会アジア地区最終予選が始まった。その年、僕はJリーグで好調を維持していたし、今考えてもいちばん身体がキレていた時だった。「早く代表に呼んでほしい。今だよ、今しかないよ！」という思いだった。

タイミングはどこでもいいから代表に入りたい。とにかく日本が勝ち続けてくれればチャンスは続く。

最終予選は、一次予選を勝ち抜いた一〇チームが二組に分かれ、各組二回戦総当たり（ホーム&アウェー方式）で戦う。各組一位のチームは本大会の出場権を獲得する。各組二位のチームはプレーオフ（第三代表決定戦）にまわり、そこで勝てば本大会に出場、そこで負けても大陸間プレーオフでオセアニア地区代表とホーム&アウェーで戦って勝てば本大会に出場できる。

日本は初戦のウズベキスタン戦で6－3、二戦日のUAE（アラブ首長国連邦）戦は0－0とまずまずの滑り出しだったが、三戦目の韓国戦に1－2で敗れた。後半に入って先制したものの、後半終盤のわずか三分間に二連続失点。しかもホーム（国立競技場）での敗戦だったため、試合終了後の記者会見で加茂采配は批判にさらされた。

次のカザフスタン戦では1－0とリードしながら後半のロスタイム（現・アディショナルタイム）に失点し、格下の相手にまさかの引き分け。その日の夜、加茂さんは監督を更迭され、代表コーチをしていた岡田武史《おかだたけし》さんが監督に就任する異常事態となった。

岡田さんが監督になってからも引き分け試合が続き、僕は「なんとか生き残ってくれ」と祈るような気持ちだった。そうなれば代表入りへのチャンスが生まれるかもしれないし、最終予選に呼ばれなくても本大会までの間にアピールチャンスはある。

十一月一日の韓国戦（ソウル）は日本が勝ったが、カズさんと呂比須《ろぺす》ワグナーが二枚目のイエローカードを受け、次試合出場停止に……。そこで岡田監督から招集が掛かり、最終予選最終戦のカザフスタン戦を前に、僕は二年五カ月ぶりに代表に復帰することができた。

崖っぷちからの生還

人の心は不思議なものだ。代表復帰を待ち望んでいた時の僕は「早く呼んでくれよ」と思っていたのに、いざ招集されると「えっ！　大丈夫かな？」と不安になってしまった。

合宿に合流した時は極度に緊張した。ヒデ（中田英寿）を筆頭にアトランタ五輪組が台頭し、以前とはメンバーがガラッと変わっている。「俺は受け入れられるのか？」とますます不安になったが、チームにはジュビロ磐田の名波浩がいて、「ゴンちゃん、いつもどおりのプレーでいいよ」と言ってくれたので多少落ち着くことができて助かった。

チームの雰囲気は、アウェーで韓国に勝っていたので、それほど悪くはない。そのなかで自分をアピールし、自分のプレーをわかってもらわなければいけない。ファンのなかには「中山待望論」も起きていたようだが、実力と期待度にはかなりのギャップがあるのは自分でもわかっていたし、「これで活躍できなかったら、俺、終わるな」と大きなプレッシャーを感じていた。

とにかく自分のやれることを精一杯やり尽くすしかない。「これが最後のチャンスだ」と自らを奮い立たせ、練習で自分を追い込んでいった。自分の特徴をわかってもらうために、とにかく走った。これでもかというくらい走った。ただ、紅白戦の二十分だけでぐったり疲れてしまった。飯も喉を通らない状態が数日続き、僕はどんどん痩せ、頬がこけていった。たまたま同じテーブルで食事をしていた山口素弘《やまぐちもとひろ》から、

「ゴンちゃん大丈夫？　目がくぼんでるよ。だいぶキテるんじゃないの？」

と笑顔で言われた。どうやら『あしたのジョー』の力石徹《りきいしとおる》みたいになっていたようだった。

それでもなんとか、国立競技場でのカザフスタン戦に先発出場することができた。勝てば他の結果なしでプレーオフにまわれることがわかっていたので、皆、この試合に懸けている。サポーターの熱気も痛いほど伝わってくる。僕の緊張はピークに達していた。観戦に来ていた家族にあとで聞くと、グラウンドに整列して国歌を歌う時には顔面蒼白だったそうだ。

前半十二分、セットプレーから秋田豊《あきたゆたか》のヘディングで先制し、その四分後にヒデが追加点を挙げた。そして前半終了間際、僕はやっとの思いで三点目を追加することができた。

ゴールを決めた瞬間、僕は自分のユニフォームをめくり、下に着ていたシャツをスタンドに向かって見せた。32番のユニフォームの下にもう一枚、11番のユニフォーム。この試合を出場停止になっていたカズさんのものだ。

代表から遠ざかっていた頃、僕は何度かカズさんと電話で話していた。

「まだW杯を諦める状態でもないし、とにかく頑張るよ。お前も頑張れ」

と励ましてもらっていたこともあり、カズさんの想いも背負って戦いたいと考えた。そこで、カズさんの了解をもらったうえで、長袖の自分のユニフォームの下に、インナーシャツ代わりに11番の半袖のユニフォームを着込んで出場したのだった。

たまたま僕が点を取り、カズさんがスタンドの下にいたのでユニフォームを見せたが、11番の半袖は二枚あり、城彰二も着ていたはずだ。後半はもう半袖がなかったので、僕は11番の長袖シャツを腕まくりしてなかに着ていた。

実はこの試合で、僕は三点目を挙げるまでに三度もゴールのチャンスを逃している。

一度目は相馬直樹《そうまなおき》からの左からのクロスを、ニアに走っていってヘディング。「もらった！」と思いきや、ヘディングが薄すぎた。「タラレバ」になるが、あれが入っていたら僕はもっと落ち着き、あと二点か三点追加できていたかもしれない。

二度目はFKをファーサイドでフリーの状態でヘディングシュートしたが、ゴールの枠をとらえることができなかった。三度目はキーパーと一対一になりながら、ヒデがパスした浮き気味のボールをボレーで上に外してしまった。浮いているボールにつんのめって当てなければならなかったので、難しいと言えば難しいが、そこで足を選択したため外してしまったとも考えられる。

ゴールを外すたびに、どんどん追い詰められていく。それでも、「行ってやれ！　行ってやれ！」という気持ちだけは捨てていなかった。「これでダメだったら、もうしょうがない。俺はそれまでの選手なんだ」と半ば開き直り、「もうやりきるしかない！」というところで四度目のチャンス。そこでようやくゴールを決めることができた。

これで気持ちがとてもラクになった。11番のユニフォームを見せたのは、カズさんへのオマージュであると同時に、このシュートで僕自身が救われた喜びの表現でもある。

日本は5－1で勝ち、プレーオフへ駒を進めることができた。チームも、そして僕自身も、崖っぷちからようやく生還できたような気がした。

第四章

ワールドカップ出場の先にあったもの

練習は裏切らない

一九九七年十一月十六日、ジョホールバル（マレーシア）のラルキン・スタジアム。

アジア第三代表の座をかけた戦いがいよいよ始まった。対戦相手はイラン。この日も僕は先発で、出場停止から復帰したカズさんと2トップを組んだ。絶対に勝てると信じ、「一度どん底を見たと思えば、むしろこの試合はラッキーだ」とさえ思っていた。

三十九分、僕はヒデのスルーパスで抜け出し、左足のサイドキックでコースを突きシュート。先制点を奪うことができた。

GKがボールに触ったのでヒヤッとしたが、ボールがキーパーの脇を抜けてゴールネットにふさっと入ったのを見て「ああ、よかった！」と胸をなでおろした。

このシュートをする時、一瞬「思いっきり蹴ろうか」と考えたが、「今まで練習してきた成果をここで出さなきゃ！」と思いとどまった。サイドキックでコースを狙う練習を、日本にいる時から何度も何度も繰り返してきていたのだ。

戻りながらインサイドターンをしてパスを引き出し、蹴りやすい位置にボールをコントロールし、相手キーパーがどちらに寄っているかをしっかり見定めたうえで、空いているコースをサイドキックで狙う――。この練習を、当時ジュビロ磐田のヘッドコーチだった山本昌邦さんとずっと続けてきた。イラン戦前日にも、スタッフに手伝ってもらい練習していた。先制点を挙げたゴールは、来たボールをコントロールはしていないが、まさにその動きだった。

山本さんとは、インサイドターンを使って身体の向きを変える練習も徹底的にやった。

ゴール前では、動き方次第で敵もゴールもボールも見える。アウトサイドターンだと一回目線を切らなければいけないので、ボールが視界から消えてしまう瞬間があるが、インサイドターンなら視野を確保できるので、身体の向きをボールが出てくるタイミングや軌道に合わせられるし、目線を切ることなくボールを引き寄せることができる。

インサイドターンは非常に重要だと考えた僕は、それを身体にしみ込ませようと練習を続けていた。のちにユースの選手たちにも、「点を取る確率を高めるために、俺はインサイドターンの練習を続けてきたよ」と言ったことがある。

普段から試合を想定して練習しておくことが、本番のパフォーマンスにつながる。

「本番になったら本気でやるよ」と言う選手もいるが、それはスーパーな人だ。どうぞやってください。でも、もしやれなかったらどうするのか？　「練習で手を抜いたからです」と言い訳はできないだろう。

僕はスーパーじゃないから、練習で手を抜くなんてあってはならないことなのだ。

もし、僕がイラン戦のあのシュートを思いきり打っていたら、どうなっていただろうか――ゴールを外していたかもしれない。キーパーがボールに触れたということは、僕の突いたコースが多少甘かったのかもしれない。でも、それをゴールに流し込むことができたのだから、それまで泥臭く繰り返してきた練習は活かされたことになる。練習は裏切らなかったのだ。

「ジョホールバルの歓喜」とその後のサバイバルレース

ジョホールバルでのイラン戦は、僕のゴールで前半を1－0とリードして折り返したが、後半で1－2と逆転された。六十三分に僕とカズさんに替えて呂比須ワグナーと城彰二が投入され、城がゴールを決めて同点としたが、決勝点を奪えないまま後半終了。

ゴールデンゴール方式（サドンデス）の延長戦に突入してからも膠着《こうちゃく》状態が続いたが、延長後半十三分、岡野雅行《おかのまさゆき》がスライディングしながらゴール。シーソーゲームの末、日本はついにW杯への切符を手にしたのだ（「ジョホールバルの歓喜」）。

二転三転する試合展開をベンチで見守っていた僕は、岡野がVゴールを決めた瞬間ピッチに飛び出した。喜びよりも、「やっとここまで来た」という安堵《あんど》感のほうが強かったのも確かだった。

だが、いつまでも安堵してはいられない。当時、本戦の登録メンバーは二二人。そのなかに入るためのサバイバルレースは、これから始まるのだった。

カザフスタン戦以来、ずっと先発で出場していた僕は、「岡田さんが俺を信頼してくれているのなら、ありがたいことだな」と思う半面、「練習で常に最高のパフォーマンスをしないと、すぐ先発から外されるし代表メンバーからも外される」と危機感ももっていた。岡田さんは戦いに貪欲《どんよく》な非常に厳しい監督。当然ながら選手に対しても、普段の練習から貪欲さと厳しさを求めた。

加茂ジャパンのコーチをしていた頃の岡田さんは、選手の冗談をある程度受け入れてくれるイメージがあった。一九九五年のキリンカップに招集された時、練習でランニングの先頭を走っていた岡田さんに、カズさんが後ろからスライディングしてコケさせようとしたことがある。岡田さんは「おい、いいかげんにしろ」と言いながらも本気で怒っているようには見えず、「こういうこともやっていい人なのかな」と感じたものだ。

しかし、カザフスタン戦で呼ばれた時には、冗談なんかとても言えない雰囲気がビリビリ伝わってきた。当時、岡田さんは四十一歳で、Jリーグの監督経験はまだなかった。それが急に代表監督を任された。その時の状況も状況だったし、コーチでなく監督なのだから、厳しくなるのは当然だ。

それだけに、年明けのオーストラリア遠征に出発する時は身の引き締まる思いだった。

ところが、僕は遠征先で風邪をひいてしまった。微熱が続くなかでの練習はかなりきつかったが、それを表に出すわけにはいかない。練習から帰って熱が上がっているとチームドクターに点滴を打ってもらい、練習が休みの時は薬をもらって部屋で寝ていた。

遠征中は地元チームと三試合ほど対戦した。最終メンバー選びのテストを兼ねた試合で、岡田さんの厳しい眼が光っていた。

「失敗したな、こんな時に……」と落ち込んだが、「失敗したものはしょうがない。とにかく自分らしいプレーを見せて勝負していこう」と気を取り直した。

ここまで来たからには、もう負けるわけにはいかないのだ。

苦しい時こそ前を向かなければ

幸い、僕は代表候補二五人に入り、スイスでの直前合宿に参加することができた。

しかし、ここで予想もしない出来事が起きた。カズさんとキーちゃん（北澤豪《きたざわつよし》）が代表メンバーの選考から漏れ、帰国することになったのだ。

代表メンバーの発表前日、僕は二人と一緒に散歩をした。ベンチに座ってレマン湖を眺めながら雑談をするうちに、「誰が落ちるんだろうか」という話になった。

「外れるとしたら、各ポジション一人ずつだよね」

「今まで試合に使われてきたメンバーを考えると……」

「俺たち、使われてないね」

「そうなると怪しいよな」

カズさんとキーちゃんはそんな話をし、〝落選候補〟に自分たちの名前を挙げていた。

「いや！　それはないでしょう」

僕は即座に打ち消した。ずっと日本を引っ張ってきたカズさんと、予選突破に大きく貢献してきたキーちゃんが外れるなんて、考えられない。使う、使わないの問題以前に、二人がチームに与える影響力は莫大だ。その力でチームが一つになっていければいいと、僕はずっと思っていたのだ。

翌日、合宿の昼食会場に行くとキーちゃんがいたので、同じテーブルについた。

すると、キーちゃんがこう言った。

「ゴンちゃん、ビンゴ」

えっ、嘘でしょ？　キーちゃんは淡々としていたが、僕は衝撃で絶句した。

ぼやーんとした頭で部屋に戻ると、カズさんが来てくれて、

「頑張れ。とにかく頑張れ！」

と言って僕の背中をガンガン叩くと、部屋を出ていった。カズさん流の励ましだ。

そのあとも呆然としたまま部屋に一人でいると、井原正巳がやってきた。

「どうする?」

「どうするもこうするもねえよな。やるしかないだろう」

「なんでだろうなぁ……」

それ以上言葉が出てこない。カズさん、キーちゃん、井原と僕のドーハ組は岡田ジャパンの盛り上げ役。その先頭に立っていた二人がいなくなったら、僕と井原はどうすればいいのだろう……。

そのあと練習があったので、とにかく声を出して皆の気持ちを一つにするしかないと思っていたら、その練習で井原が膝の靭帯を傷《いた》めてしまった。彼はW杯開幕初戦に向けてリハビリを続け、僕が「行けるか?」と訊くと明るい表情を返していたが、実際は開幕に間に合うかどうかわからないほどケガの状態はひどかったらしい。それを同期の僕にも言わなかったのは、チームにこれ以上動揺を与えられないと考えたからだろう。

カズさんとキーちゃんは、発表当日にチームを離脱し、帰国の途についた。

岡田さんは「誰が外れても帯同させてチームのために協力してもらう」と前々から言っていたが、二人は、自分たちがいれば皆に気を遣わせてチームが変な雰囲気になるだろうから帯同すべきではない、と考えて帰国したのだと思う。

僕と井原は無言で見送るしかなかった。ともに夢見てきた最高の晴れ舞台。そこに立つことなくチームを離れる二人の無念さを思うと、何も言えるはずがなかった。

代表選考に漏れたもう一人の選手は高校生の市川大祐《いちかわだいすけ》だった。当時まだ十八歳だった彼はチームに帯同した。それも一つの勉強だと岡田さんに言われたのかもしれない。たしかに、練習に参加すればチームのために何らかの手伝いができるし、勉強にもなっただろう。だが、市川は足首をケガしてリハビリ中だったため、結局、練習にも参加できなかった。

日本では「カズと北澤が落選」とニュース速報まで流れ、マスコミの注目は二人に集中したが、その陰で、若い市川は押し潰されそうなほど苦しんでいたはずだ。

「前を向かなければ……。ここまで来たら、もう前を向くしかないんだ」と気持ちを切り替えてフランスに入った。

W杯初ゴールへの気負いが裏目に

グループステージの対戦相手は、アルゼンチン、クロアチア、ジャマイカ。僕はすべての試合に先発することができた。

六月十四日、アルゼンチン戦で初めてW杯のピッチに立った時は、「ああ、やっとここまで来ることができた」と感激したが、グワッとこみあげるような感慨はなく、意外と冷静な自分がいた。いくら相手が強豪でも、やってやれないことはないだろう、と。

しかし、日本はアルゼンチンに負け、次のクロアチア戦にも敗れて決勝トーナメント進出の夢を断たれた。いずれの試合も0－1での敗戦。やはり相手は、決めるべきところをしっかり決めてくる。

クロアチア戦では三十九分に千載一遇のチャンスもあった。守備の連携でボールを奪い取ったヒデがドリブルで駆け上がり、それに合わせて僕がCBの視界から消えるようにペナルティエリア正面やや左のスペースに入っていく。ヒデからの絶妙のクロスパスを右太腿アウトサイドでトラップして足元に収め、右足でしっかりボールをとらえてシュート。すべては頭に描いたイメージどおり！　しかし、前に出てきたキーパーに左腕で弾かれてしまう。悔しさのあまり、僕はピッチを両手で叩いた。

あれを決めていれば「生涯一のゴール」と言えたはずなのに——。

自分で言うのもおかしいが、あまりに完璧なシュートだったため、逆にキーパーに読まれてしまったのかもしれない。W杯の厳しさを改めて思い知らされた気がした。

クロアチア戦のあと、カズさんから電話をもらった。

「試合、観てるよ。次は最後だから頑張れ」

大舞台を目の前にして代表から外れたカズさんが、僕らの試合を観てくれている。ここに来られなかったドーハ組の皆もそうだろう。ジャマイカ戦は単なる消化試合じゃない。そこで日本代表の存在感を世界に知らしめ、何らかの爪痕を残さなければ――。

こうして迎えたジャマイカとの最終戦は、初出場・二連敗同士の対決。せめてここで白星をつかみたい。しかし、試合は後半途中までに0－2と苦しい展開になった。

追い込まれたなかで迎えた七十四分。左サイドを駆け上がった相馬直樹のクロスボールを、呂比須ワグナーがヘディングで折り返す。ゴール前へ走り込んだ僕は、浮き球に飛びつき、空中で体勢を乱しながら右太腿でシュート。ゴールにねじ込むことができた。

実は、呂比須ワグナーのヘディングは、彼のなかではパスではなかった。彼はシュートしたつもりだったのだが、ボールをとらえ損ね、ミスしたボールが僕のほうに来たのだ。僕としては、「味方がシュートしたらゴール前に詰める」という当然の動きを無意識にしていたまでだった。その意味で、まさに偶然を必然に変えたゴールだった。基本を大切にして練習や試合をしてきたからこそ、あの場面でいいポジショニングがとれ、〝太腿シュート〟につながったのかもしれない。

日本にとってW杯初ゴールを決めてホッとしたが、喜びや感慨はなかった。早くあと一点取りたい。だから、このシュートの直後に相手DFと接触して右足を負傷しても、足を引きずりながらボールを追い続けた。

試合後に右脚腓骨《ひこつ》を亀裂骨折していることがわかったが、ゲームの最中は折れているなんて思わなかった。ただ、「超」のつく痛さで踏ん張りがきかない。「なんで思うように動けないんだ！」と苛立ちが募るなか、1－2のまま試合終了の笛が響いた。勝ち点を挙げられなかった悔しさ、一ゴールしか奪えなかった悔しさが胸に渦巻いた。

この試合をジャマイカは、「もう消化試合だから楽しんでやろう」とリラックスして迎えていたようだ。試合前に、「ジャマイカ代表はどこかに観光に行った」という情報が入ってきて、「マジかよ！」と驚いた。お国柄の違いなのかもしれない。

一方、僕たちは、「これがW杯初ゴールを決める最後のチャンス。初勝利もしたい、初の勝ち点も挙げたい。だから絶対に負けられない」という気持ちで試合に臨んでいた。

ジャマイカをなめていたわけではないが、「よーし！ 行ったれ、行ったれ！」と気負いすぎてガチガチになり、結果が裏目に出てしまったのかもしれない。

日本代表にとって、また僕自身にとっても、初めてのW杯は悔しさと未熟さを痛感する大会となった。相手チームや選手との差は、一メートルも二メートルもかけ離れていたわけではなく、あと何十センチ、あるいは数センチの差だったと思う。しかし、その数センチの差が世界との大きな差だった。相手との間合いにしても、バティストゥータ（アルゼンチン代表）やダヴォール・シューケル（クロアチア代表）らに、一瞬の差でゴールを決められてしまったのだから。

トルシエ監督が怒鳴る前に選手同士で注意

ジャマイカ戦のあと、キャプテンの井原正巳とシャワールームで言葉を交わした。

「やっぱりワールドカップっていいね」

「もう一回出たいね」

と会話したのを憶《おぼ》えている。

このままで終わるわけにはいかない。もう一度W杯のピッチに立ちたい――。

人間というのは、一度目標を達成すると、もう一度と欲張りになるのかもしれない。

そして迎えた二〇〇二年W杯日韓大会。三十四歳の僕は、幸いにして登録メンバーに入ることができた。

日本代表のベースキャンプは、静岡県袋井市にある高級リゾートホテル「葛城《かつらぎ》北の丸」。ホテルには関係者以外入ってこられないので、W杯日韓大会で盛り上がる世間の喧騒《けんそう》から完全に隔離され、ストレスはまったくなかった。

ただ、別の面でストレスはあった。フィリップ・トルシエ監督の怒鳴り声だ。まぁ、それにもだいぶ慣れていたのだが。

練習中、トルシエは誰かれ構わず文句を言い、怒鳴り散らし、絶えず僕たちにプレッシャーをかけていた。よく言えば情熱的、別の言い方をすれば高圧的なチームマネジメント。それで選手を緊張させ、気持ちを掻き立てる。第二章で述べたドゥンガ選手と同様、怒鳴り続けるには相当なパワーがいる。ただ、僕はトルシエのやり方を見て感じていた。

「過緊張には、良い面と悪い面があるんじゃない？」と。

悪い面というのは、監督の文句に従っているばかりだと選手の成長がないことだ。

その一方で、過緊張には選手を成長させる面もある。トルシエが怒鳴るたびに、僕たちは「また怒ってるぞ」と顔を見合わせて緊張したが、そのうちに誰ともなく、「自分たちで声を出していこうぜ。監督に何も言わせなきゃいいんだよ」と言いはじめた。

たとえば、クロスボールのシュートの練習でパスの精度が低かったり、ゴールが決まらなかったりすると、必ずトルシエは「何やってんだ！」と怒鳴る。そこで僕たちは、

「誰かがミスしたら、トルシエが怒鳴る前に俺たちのほうから『何やってるんだ、お前！　ちゃんとやれよ』って言っちゃおうぜ」

と話し合った。実際にやってみると、案の定、トルシエは何も言えず、「成功成功！　今日は成功だよ」と、皆でほくそえんだ。

トルシエの陣形戦術はＤＦ三人をフラットに並べる「フラットスリー」で、ラインを揃えて

上下する、相手が前を向いた時は三メートル空ける、動きは直線的でなく弧を描くなど、細かく要求した。それができないとまた怒鳴る。小さな弧を描いて動くことを「スプーン」と言い出した時には、

「スプーンって何だよ、そんなの今まで聞いたこともないよ」

と、DFの選手がぶつぶつ言っていた。

DFはトルシエの言う動きを覚えるのに必死だったが、当初は試合でなかなかうまく機能せず、呼吸を合わせるためにDFだけで話し合うこともよくあったようだ。

自発的にそういう行動に出ることが、選手の成長を促した部分はたしかにあったと思う。トルシエがそれを意図してやっていたのだとしたら、すごいことだ。

トルシエの練習はシャドートレーニングに重きが置かれ、対人練習が極端に少なかった。キャンプ地内に急造した通常の四分の一ほどのコートで対人練習をごくまれにやった程度だったと記憶している。

彼の練習は独特で、フラットスリーに関しては、トルシエがボールを持って動くシャドートレーニングの反復によって身体で覚えさせていた。クロスのシュートやゴール前のシュートでは、ボールを出して落として、また出して落として、というパターン練習がほとんど。オートマチックな練習で徹底的に型に落とし込んでいた印象がある。

監督が重視する練習は完璧にこなして当たり前なので、僕はパターン練習を充分にやったうえで、自分自身のアイデアやイマジネーションによって動きを組み立てていた。

監督が誰になろうと、いろんな要求があるが、その要求をとにかくグラウンドで表現するのは当たり前のことだ。そのなかで自分がどう活かされているのか。どう活かしてもらうのか。まずチームメイトに、自分のプレースタイルをはっきりわかってもらう必要があると考えていた。味方からボールが出てこなかったら、また別の動きをして、ボールを呼び込めばいい。監督は変わっても自分がやるべきことは大きくは変わらないのだ。

今までとまったく違う背番号10としての働き方

W杯日韓大会では、背番号10という重要な番号を背負うことになった。僕は、歴代の10番に思いを馳《は》せた。

直前で代表メンバーから漏れた中村俊輔《なかむらしゅんすけ》。

フランス大会の戦友、名波浩。

ドーハの悔しさをともに噛みしめたラモス瑠偉さん。

ラモスさんは背番号10に特別なこだわりをもっていて、僕らの世代にとって「10番」は彼の代名詞のようなものだった。

ＦＫの名手だった木村和司《きむらかずし》さん。

Ｗ杯メキシコ大会最終予選（一九八五年）の韓国戦で、木村さんが見せた四〇メートル手前からのＦＫは、僕の記憶に鮮烈に焼きついている。試合には敗れたが、あのＦＫは日本サッカー界の歴史に残る名シーンだった。

やはり背番号10は日本代表にとって特別なものなんだ。技術やテクニックの部分では、僕は彼らの足元にも及ばないかもしれないが、戦う姿勢では負けないだけの気持ちを秘めていたつもりだ。だからこそ、彼らに恥じないような10番でいたかった——。

「10番はゴンちゃんに合ってないな」

と、ヒデは言っていた。まさにそのとおり。僕は歴代の10番とはまったく違うタイプだし、それ以降の10番とも違う。

ただ、10番に託された使命は理解しているつもりだった。

エースナンバーを背負うからには、チームを勝利に向ける役割を託される。さらにトルシエは、最年長の僕に、チームを一つにまとめる役目も求めていたと思う。

グラウンドのなかであれ外であれ、いろいろな面で日本を勝利に向かわせるようなチームづくりを担《にな》わされての背番号10。その仕事をしっかり遂行しなければいけない、という自覚もあった。

もちろん僕も試合に出たいから、練習のなかでは自分をアピールするし、試合に出たなら精一杯のプレーで自分を表現する。当然のことだ。

それに加えて、試合に出ない場合でも、チームが一つにまとまるように、仲間が集中して試合に入っていけるように、全力を注ぐのも僕流の10番の仕事なのだ。そして、サブ組のモチベーションをどう高めるかだ。その仕事を僕が実践することで、チームに緊張感と一体感をもたらすことができればと思っていたので、僕より三つ年下の秋田豊と、「俺たち〝年寄り〟が必死で練習すれば、ほかのやつらはやらざるを得ないよな。二人でサブ組を盛り上げようぜ」と言い合い、二人で率先して練習に向かった。

サブ組に刺激を与えるために、大学生チームとの練習試合（僕らは「裏W杯」と呼んでいた）で〝活〟を入れたこともある。

試合に出ていないとコンディション調整が難しいので、身体の動きが悪くなり、大学生相手でも攻撃がチグハグになったり、ディフェンスが曖昧になったりする。本人はけっして怠けているわけではないのだが、本番の試合で身体が動かなかったら元も子もないので、「かったるいと思うなら帰れよ！」と厳しい言葉も掛けざるを得ない。そこでピリッとさせないと、ワンチームで次の試合に向かっていけなくなるからだ。

何がうまくいかなかったのか自分でしっかり反省し、その反省を改善につなげ、自分のプレーを変えていってほしい――という期待を込めた〝活〟だった。

「どんなチームスポーツでも、Ｂチームが強いチームは、チーム全体が強い」

これがオフトジャパン以来の僕の持論だ。サブ組がモチベーションを高く保って元気でいることが、レギュラー組の士気を高め、チーム全体を支えると思っている。

ましてや自国開催というプレッシャーがかかるなかでは、サブ組の元気度がいっそう重要になる。その元気度を上げるために行動するのも僕の仕事の一つだった。ピッチの上の働きだけでなく、その周辺での働きも勝利へつながることになるのなら、自分にできることすべてをやり尽くす覚悟が必要なのだ。

グループリーグ第三戦のチュニジア戦後半、ヒデがダイビングヘッドでゴールを決めて決勝トーナメント進出に弾みをつけた時、ピッチの外にいた控え選手を呼び集めたのも、そうした仕事の一つだった。

「油断しないでいこう！」

円陣を組み、声を掛けた。「俺たちサブも、ピッチの上の選手と一緒に盛り上がろうぜ！」という思いを込めて。

そういう役割も含めて、僕は背番号10を託されていたと思っている。

勝っている試合をどう終わらせるか

日本が記念すべきW杯初勝利を挙げたのは、二〇〇二年六月九日のことだ。

グループリーグ第二戦のロシア戦。横浜国際総合競技場は観客で溢れかえっていた。あとから知ったのだが、この日の観客数は六万六〇〇〇人を超え、試合中継の平均視聴率はなんと六六・一%を記録したそうだ。

この試合で、僕は後半途中（七十二分）からピッチに立つことができた。

ゲームは後半五分に稲本潤一《いなもとじゅんいち》が先制点を挙げ、1－0でリードしている状況。

うぉぉーーーーっ！

スタンドからの大声援で身体が震えた（武者震いである）。

「ああ、ありがたいな」と胸が熱くなった。

ロシアの選手にしてみたら、「何者だ？」と理解できなかっただろうし、不安と脅威を感じたかもしれない。

ピッチに入る時のトルシエの指示は、とてもシンプルだった。

「チームにエネルギーを与えてくれ」

それ以上細かい指示はなかったが、トルシエには「ロシアのゴールを脅《おびや》かし続けたい」という意図もあったと思う。

この場面では守備の選手の投入もあり得たが、トルシエがそうしなかったのは、後退して守るのではなく、前線から相手にプレッシャーをかけ続けようと考えたからだろう。

守ろうとすると心理的に引くから、相手に押し込まれる危険性もある。一方、プレッシャーをかけ続ければ相手に余裕がなくなり、正確性を欠くボールを出すかもしれない。そうなれば、こちらはボールを奪取しやすくなる。僕はどんなボールに対してもアグレッシブにチャレンジするタイプだから、そこから抜け出してカウンターで点を取ることができればさらによい、という考えがトルシエのなかにはあったと思う。

僕としてもそれができれば最高だが、頭のなかは、「この一点差をキープしたままゲームをいい形で終わらせるために、自分は何をすべきなのか？」という考えでいっぱいだった。

このような場面では、チームとして「ゲームをどう終わらせるか」の意思統一がなされていることが非常に重要だ。最後の段階でもう一つ踏ん張る力を見せることがトルシエの意図だと理解した僕は、最前線で積極的に動き回ることによってその意図を皆に発信し、意思統一を図っていくのが自分の仕事だと考えていた。

ただ、この時の僕は、ちょっと空回りした部分もあったかもしれない。ゴール裏でウォーミングアップをこれでもかというほどやり、ピッチに入っていったのだ。

ウォーミングアップが足りないと、ピッチに入ってから息切れし、動きが緩慢になってしまう。「最高の状態でピッチに入りたい」と思った僕は、〝デッドポイント〟をピッチの外で迎えておくために、ゴール裏でダッシュを繰り返した。

デッドポイントとは、運動中に酸素の需給バランスが最悪の状態になる時期のことだ。皆さんにも経験があると思うが、激しい運動をした時、動き出してからしばらくすると息がゼーゼー苦しく、足も重くて「もう動けない」と感じる。この状態がデッドポイントで、ペースを落としたりレスト（休憩）を取ったりしてそこを越えると、呼吸が落ち着き、足もスムーズに動いて身体がラクになってくる。

そんな話を聞いたことがあったので、「ピッチに入った時、デッドポイントを越えた状態にしておけばスムーズに動き回れる」と考え、ダッシュを何本も何本も繰り返した。後日、それを見ていた友達から、「やりすぎだったんじゃない？」と言われたほどだ。

自分でも「やりすぎかな？」と感じてはいたが、W杯初勝利を目の前にして興奮状態だったこともあり、「チームのために、自分に与えられた時間を目一杯使いたい」としか考えられなかった。「ピッチの外で動きをよくしておかないともったいない」という思いがあまりにも強くて、ダッシュをやりすぎてしまったのかもしれない。

こうして僕はピッチに入っていった。残り二十分のこの時点では、かなり疲れている選手が多かった。

ちなみに皆さんは、途中で投入された選手は疲れていないから絶えず動けるだろうと思っているかもしれないが、そんなことはない。途中で入った選手はあちこち動き回らなければいけないので、体力的に相当きつい。

二十分という時間が僕に与えられたのはありがたかったが、ピッチにいる選手にとっての二十分はけっこう長く、その間あちこち動き続けるのは不可能と言っていい。そのため、ボールに向かって全速力で走っては休み、走っては休み、というインターバルの兼ね合いがうまくできるかどうかがカギになる。

僕も、それを意識しながら前線で積極的にボールを競っていたつもりだ。

大観衆の応援と期待に見合うプレーができたのか、「あれもしなきゃ、これもしなきゃ」と考えていた仕事のうち、いったいいくつできたのだろうか、という思いも残るが、日本は一点差を守り抜き、W杯での歴史的初勝利を手にしたのだった。

目標の達成はゴールではない

振り返れば、岡田ジャパンの最大の使命は「とにかくW杯に出ること」だった。

予選リーグを免除される二〇〇二年の日韓大会がW杯初出場というのでは情けないし、それまでに自国開催が初出場という例はなく、何がなんでもフランス大会に出場しなければ国のメンツが立たない――。岡田監督も僕たちも、その思いが強くて苦しんでいた。

あの頃のほとんどの選手は、「W杯出場」という目標の先を見据える余裕がまだなく、目標を達成した時点で一つのピークを迎えてしまったのかもしれない。

それと同じことが、トルシエジャパンでも起きてしまった気がする――。

トルシエンャパンの第一の目標は、「グループリーグを是が非でも突破すること」だった。開催国のメンツがかかっていたので、目標というよりノルマに近かったかもしれない。というのも、それまで開催国がグループリーグを突破できなかったことはなかったからだ。

日本は、ロシア戦に続くチュニジア戦を2－0で勝ち、グループリーグを一位で通過した。初の決勝トーナメントに進出が決まった時、僕はトルシエの表情がちょっと柔らかくなったような気がして、「やっぱり相当なプレッシャーを受けていたんだな」と感じた。

ただ、第一目標を突破したことで「あとはボーナスステージ」という感覚になってしまったのだとしたら、非常にもったいないことをした。決勝トーナメントでトルコに負けた時にそう思ったし、今でも思っている。

六月十八日に宮城スタジアムで行われたトルコ戦でトルシエは、グループリーグでとってきた2トップのフォーメーションを1トップに変更した。前半、日本はパスの連携ミスを二度、三度と重ねた末、トルコにCKを与え、強烈なヘディングゴールを決められた。必死で追いつこうとしたが、新しいフォーメーションはうまく機能しなかった。後半は2トップに戻したが、相手の守備を崩せず、0－1で敗れてしまった。

この試合は雨に見舞われたが、スタンドには四万五〇〇〇人以上の観客が詰めかけてくれた。それなのに、ゲームに入っていく時の日本チームの雰囲気が、なんとなくドンヨリしていた記憶がある。

W杯のような大試合では、ゲームの入り方が特に重要だ。選手一人ひとりがどれだけ戦う気持ちを高め、集中してゲームに入っていけるか。その一方で、どれだけ冷静に状況判断できるか。大一番で迷いなくプレーするには、情熱と冷静の両面が求められる。

トルコは日本のホームで戦うわけだから、日本がアグレッシブに攻撃を仕掛けてくると意識し、慎重にゲームに入ってきたはずだ。もちろん日本の選手たちも緩い気持ちでいたわけではない。僕自身、もっとチームを盛り上げるために働きかける必要があったという思いが、強く残っている。

「グループリーグ突破は達成したけど、それが俺たちのゴールじゃない。一つの過程にすぎないんだ。もう一つ先の目標を見据えて戦おう！」と。

せっかくW杯ベスト16に入り、相手はグループCを二位で通過してきたトルコ。こんなことを言うのは失礼だが、グループCを一位で通過したブラジルと対戦するよりは勝ち目があったと思う。しかも、この大会で優勝したのはブラジルだ。「ブラジルと戦って散るなら本望だけど、トルコ相手ならもっといけたのでは」と、なおさら悔しくなってしまう。

いくら悔しがっても日本はトルコに負けたのだから、それだけの実力しかなかったわけだが、今でもまだ「もったいなかったな」という思いを消すことができない。チームをメンタルの部分で引き締めるのも自分の役割だと思っていただけに、そして、この大会が僕にとって最後のW杯となった（かもしれない）だけに、自分の仕事を全うしきれなかった悔いが残るのだ。

日本が世界で勝つために必要なこと

世界の舞台で戦ううえで、日本選手と欧米選手の体格差は常につきまとう問題だ。

僕自身も体格差があるなかで戦ってきたが、あまり深刻に考えたことはなかった。ボールをキープするタイプでもないし、中盤あたりでボールを預けられても、ワンタッチ、ツータッチでシンプルに落とす。もちろん、そこで踏ん張れればベストだが、そこまでの身体も技術もあるわけではなかったから、勝負はゴール前でする。そこにでかい選手が来ても、「なんだこいつ！」と気持ちで勝負するしかない。気持ちで負けたらダメだと思っていた。

一九九八年W杯フランス大会で対戦したクロアチアの選手は特に大きかったが、ボールから離れる動きに弱いと聞いていたので、「そういう動きをしていけば、相手の裏をかいて勝負できるかもしれない」と考えていた。

当然、相手は接近戦や空中戦には強いが、「相手をフリーにさせないように、こっちも身体を当てていけばいい。こぼれ球を拾う反応を高めていけば勝負はできる」という感覚もあった。

欧米の選手を大型ブルドーザーにたとえるなら、日本の選手は小さい重機。一対一でまともに挑んだところでかなわない。でも、小さな重機も二台、三台でまとまって行けば勝てるかもしれない。第一章でも触れたが、守りにしても攻めにしても、二対一や三対一で戦えるような状況をつくっていけばいいのではないか。それを「チームのために」と献身的にやれるのが、日本人の特性ではないのか、と思ったりもする。

ただ、相手が一人のところに、こちらは常に二人か三人で行かなければならないので、相当の体力が必要だ。気持ち的にへばってくるとそういうことができなくなるので、メンタルの強さも必要になる。

でも、二対一や三対一で戦わないと勝てないのなら、やるしかない。「できる、できない」ではなく「やるか、やらないか」が、ここでも問われる。そこまで体力をつけるには過酷なトレーニングが必要だが、それがイヤなら負けを受け入れるしかない。

「厳しいトレーニングはやりたくない」と思うことは誰にでもあると思うし、僕にもあったが、「逃げたらそこで俺は終わる」と、なんとか自分を鼓舞していた。自分の弱さに負けて結果が出せなかったら、自業自得以外の何物でもないからだ。

どんな世界でも同じだと思うが、達成したいことがあるのなら、そのために必要なことをやらなければならない。やらなければ目標を達成できないどころか、自分が目標とする周辺の領域にすら足を踏み入れることはできないだろう。

頑張ってその領域に足を踏み入れることができれば、人間には欲があるので、さらに上を目指したくなり、次に克服すべき課題も見つかる。そうやって努力を継続することが、自分の理想とする世界に近づける唯一の方法だろうと思っている。

サッカーが文化になってこそ勝てる

日本代表が世界で戦っていくためには、やはりJリーグが盛り上がらなければダメだろう。いまや海外リーグで活躍する日本人も増えてきた。代表の試合で海外組の選手が帰ってくると、スタジアムには大勢のサポーターがやってきてくれる。

しかし、日本のサッカー選手の主戦場であるJリーグのすべてのスタジアムが熱い観客で埋まるようにならなければ、Jリーグは盛り上がっていかないし、日本サッカーの底上げはできないと僕は思う。

Jリーグが盛り上がるためには、競争意識の強いチームが増えていくことが必要だ。チーム内の競争があり、チーム同士でも競争をする。その連鎖が面白い試合の量産につながって、リーグが活性化していくのだ。

海外リーグで活躍することを夢見る若者は多いが、競争にさらされて成長したJリーガーの姿を見たなら、若者たちはJリーグで戦いたいと思うはずだ。そのためにも、海外にも引けをとらない戦いがJリーグにあることを発信していかなければならない。それは選手たちの責任でもある。ファン、サポーターの印象に残る試合を戦うことができるかは選手次第なのだから。

スタジアムの環境についても、考えていく必要がある。陸上トラックのないサッカー専用スタジアムは、ボールを蹴る音や身体と身体がぶつかり合う音が響き、サッカーを初めて観に来た人にも、その迫力が伝わる。一万五〇〇〇～二万人規模でもサッカー専用スタジアムが増えていくことが理想だ。魅力ある試合やサッカーの迫力を体感してもらって、日常的にサッカーの話題が出るようになってほしい。イングランドでプレミアリーグのフットボールの試合があった翌日、おじさんたちが朝の挨拶代わりに昨日の試合のことを話題にするように。

以前プレミアリーグを観戦した時、イングランドのスタジアムは競技場というより「劇場」であり、選手は用意された舞台で戦い、それを観るお客さんはサポーターというよりオーディエンスで、選手がピッチ上で表現することを楽しみにしていると感じた。芸術といったらいい過ぎかもしれないが、そういうものを鑑賞しに来ているイングランドのようなサッカー空間が、日本にもできたらいいなと思っている。

　サッカーが文化として根づくことが、日本サッカーが世界と伍《ご》していくためには必要だと思う。

第五章

心も身体も折れた時、いかにリカバリーするか

プロ一年目に原因不明の痛みが……

僕のサッカー人生は常にケガと隣り合わせであった。小さい頃から身体は柔軟なほうではなく、それがたび重なるケガにつながったのかもしれない。これまでに一〇回を超える執刀手術を受け、そのうちの半分以上は全身麻酔だった。

ヤマハ発動機サッカー部に加入した一年目に右膝内側側副靭帯《ないそくそくふくじんたい》損傷（断裂）、二年日に左肩肩鎖《けんさ》靭帯損傷のケガを負ったが、ショックはあるものの、ケガの状態はわかっていたので、すぐに気持ちを切り替えることができた。全治することもわかっていたし、先の見えるケガだったので、気持ちも意外と穏やかだった。

最初の大きな試練は「ドーハの悲劇」の翌年、一九九四年に発症したグロインペイン症候群だった。これは、脚の付け根（グロイン：Groin）やその周辺に発生する、痛みを伴うさまざまな疾患の総称で、サッカー選手に非常に多い。当時は「グロインペイン症候群」という呼び名はなく、原因も治療法もわかっていなかった。

この年の二月に僕は念願のJリーグデビューを果たし、三月十九日のヴェルディ川崎戦で初ゴールを挙げた。だが、開幕前から感じていた脚の付け根の痛みがなかなか消えず、本来のプレーができない。「いつもならもっと走れるのに」「もっと前に詰められるのに」とストレスを溜めていた。

よくなる兆《きざ》しはなく、このままではチームに迷惑がかかる。休む勇気も必要だ――。

監督と相談して、ゴールデンウィーク明けからリハビリに入らせてもらうことにした。

リハビリに入る前に整形外科でいろいろな検査をしたら、恥骨周辺が炎症を起こして、検査画像が真っ白になっていた。診断は恥骨結合炎。「一～二カ月安静にして炎症が引くのを待ち、三カ月目から体調を上げていけば、四カ月目に復帰できるだろう」と言われた。

だが、五カ月経ってもいっこうに痛みはおさまらず、とてもサッカーができる状態ではない。いろいろな注射も試したが効果なし。ようやくJリーグでやっていけると思っていたのに、試合はおろか練習にも合流できず、いつ復帰できるかさえもわからない。治療法といっても皆目見当がつかず、「なんで治らないんだ。俺はどうすればいいんだ……」と考え込む日々が続いた。

そんな時、同じような症状で苦しんでいた福田正博《ふくだまさひろ》さんと菊原志郎《きくはらしろう》（ともに当時浦和レッズ）がドイツで手術を受け、それでよくなったという話を、菊原の弟で筑波大の後輩でもある伸郎《のぶお》から聞いた。二人が受けた手術はドイツでは多くのアスリートが受けていて、早ければ術後二週間で復帰しているという。

「えーっ！　そんなに簡単に治るのか。それなら俺もドイツに行ってみようかな」と思い、チームの許可を得て、十一月初めにジュビロ磐田のトレーナーとドイツに飛んだ。まず、ドイツ代表やバイエルン・ミュンヘンのチームドクターをしている先生を紹介してもらい、診察を受け、そこからの紹介でいろいろな治療を受けた。

診察の結果、その分野の専門医を紹介され、そこで改めて診察してもらうと、鼠径部《そけいぶ》（おへその下）ヘルニアだと言われた。鼠径部の筋肉の右側に一つ、左側に二つ孔があいていて、左側の一つの孔からは腹膜のような腹腔物《ふくくうぶつ》が飛び出しているという。恥骨結合炎に鼠径部ヘルニアも併発していたのだ。

飛び出た腹腔物を切除し、筋肉にあいた孔を縫合する手術を受けた。ドイツでは入院の必要もないほど簡単な手術らしく、朝手術を受けて午後にはホテルの部屋に戻っていた。

ほかにもいろいろな治療を受けた。尾骨《びこつ》が内側に曲がっていて正常の形状ではない、そして肛門のなかの筋肉が凝り固まっているので矯正するほうがいいと言われてカイロプラクティックに行くと、肛門に指を入れられ、尾骨の矯正と凝った筋肉をグリグリほぐす施術をされた。ものすごく痛かったが、「こんな施術もあるのか」と新鮮でもあった。

背中の筋肉も硬くなっているというので、背中に三十数カ所注射を打ってもらった。

治療と並行して、筋肉のバランスを整えるトレーニングを地道に続けるうちに痛みは軽減し、その年のクリスマス明けに帰国。年明けから少しずつリハビリを始めることができた。

結局、九四年のシーズンは二カ月試合に出ただけ。その後は八カ月間もピッチを離れることになってしまった。だが、前年まで日本代表とジュビロ磐田でフル稼働してきたことを考えると、当時の僕にはそれだけの休養期間が必要だったのかもしれない。

翌年も鼠径部から恥骨にかけて痛みを感じて不安になったが、大事には至らず、症状は落ち着いたかに思えた。ところが二〇〇三年五月、またしても痛みに襲われたのだ。

ジーコジャパンがコンフェデレーションズカップでフランスに行く前、アルゼンチンとの試合で僕は脚に肉離れを起こし、遠征メンバーから外れた。しばらくしてランニングやスクワット系のリハビリを始めたら、翌朝、股関節の激痛でまともに歩けなくなっていた。「グロインペイン症候群が再発したな」と直感し、病院へ。X線やMRI検査で異常は認められなかったが痛みは引かない。十年前とは違う痛さで、何かイヤな感じがつきまとい、リーグ戦からの離脱を余儀なくされてしまった。

その後、身体のバランスを整える筋トレを中心にリハビリを続け、再発から半年後、リーグ終盤でようやく試合に復帰することができた。

この時は国内のグロインペイン症候群研究もかなり進んでいて、その第一人者である浦和レッズのチームドクター（当時）仁賀定雄《にがさだお》先生のお世話になって徐々によくなっていき、シーズン終了後、最終的なチェックとして再びドイツで治療を受けていた。

失明の危機を乗り越えチャンピオンシップを制覇

どんな状況でもアグレッシブにボールを追いたい僕は、試合中に相手と激突して流血や骨折をすることもたびたびあった。ケガが怖いと思う前に身体が動いてしまうのだ。

一九九五年のアンブロカップでは、ロンドンのウェンブリースタジアムで行われた初戦のイングランド戦前半で、相手選手とヘディングで競って互いの頭が激突。頭から血を流しながらプレーを続けた。

といっても、流血に気づいたのはハーフタイムの時。「おい、血が出てるよ」と皆に言われて、初めて頭を切ったことがわかった。痛みはあったが動けないほどではないので、傷口にガーゼを当て、包帯をグルグル巻きにして後半も出場した。

試合は1－2で負けてしまったが、いい経験もした。ウェンブリースタジアムのなかにある手術室で治療を受けたのだ。

ウェンブリーは一九二三年開場の歴史ある競技場で、かつてはドッグレース場としても使われたと聞いた。一九六六年にはW杯イングランド大会の決勝が行われている。白亜のツインタワーが印象的な風格のある競技場だったが、老朽化のため二〇〇三年に取り壊され、そのあとに現在のスタジアムが建てられた。

僕は後半途中で交代になり、医務室に向かった。競技場の外に出るゲートの横の階段を上っていくと医務室があった。なかに入ると、手術の時に使う大きなライトが天井から吊り下がっている。その部屋が手術室でもあることを知り、「こんな立派な設備が競技場のなかにあるんだ」とビックリした。ここで傷口を何針か縫ってもらった。旧ウェンブリースタジアムの手術室に入った日本人は、たぶん僕だけだろう。

九八年W杯フランス大会では、ジャマイカ戦で相手DFと接触して右脚腓骨亀裂骨折。

翌九九年六月には、コパ・アメリカ（南米選手権）の直前合宿をアルゼンチンでしていた時、練習試合で相手のつま先が右眼の下を直撃した。

この時の痛さといったらない。僕が人生で経験した数多くのケガの痛みのなかでも三本の指に入る。顔に強い衝撃を感じた瞬間、気持ちが悪くなりグラウンドに突っ伏した。眼の周りから血がボタボタと落ちているのがわかった。鼻血も出ていたので、呂比須ワグナーが「ナカヤマさん、上を向いて！」と言ったが、上を向くとますます気持ちが悪くなり、また下を向く。コントのようなやり取りを何回か繰り返したような気がする。

このケガで、僕のコパ・アメリカ出場はフイになった。右眼を包んでいる周りの骨の薄い部分が折れている（右眼窩底《がんかてい》骨折と右眼窩壁骨折）と診断され、すぐに帰国して、その足で浜松市内の病院に入院。砕けた骨をスポイトで除去し、その部分をシリコンで固める手術を受けた。

手術で全身麻酔をかけられる時、僕はいつも、どれだけ意識を保っていられるか勝負していたので、この時も「どこまで抵抗できるか挑戦だ」と意気込んだが、数を数えているうちに簡単に意識がなくなりもっていかれた。

手術は成功したが、眼窩底は薄い構造なので、外から圧力がかかって眼圧が上がるとせっかく固めた部分が崩れてしまう。「眼の周りに力を入れないように」と医師に言われたが、首から下は元気なので、少し動けるようになると病院の非常階段を上り下りしはじめた。

最上階から下りていき、いちばん下の霊安室の前まで行くとまた上がる。そこは気分のいい場所ではないし、多少の恐怖心もありスピードを上げたいところだが、そこでスピードを上げると、リキんで眼圧が上がってしまうので、心を落ち着かせ、顔には力を入れないように、でも脚には力を入れるようにした。一段飛ばしも入れながら階段を上がる。そして下る。イヤホンで音楽を聴きながら、三十分から一時間ほどそれを繰り返して汗をかき、自分を納得させていた。

手術の八日後に退院し、十二日後にはリハビリを始めた。その頃には眼の周りの腫れはほとんど引き、手術で入れたシリコンも固まっていたようだが、医師からは、

「また強い衝撃が加わると失明の恐れもある。大事をとって全治八カ月」

と言われていた。その時はチームの状態も悪く、なんとか早くチームの力になりたいと思っ

ていたので、僕としてはもっと早く復帰したいと考えていた。そこで、術後の診察のたびに「先生、もう少し短くできませんか?」と相談。「では全治六カ月」「もうちょっとなんとかなりませんか?」「じゃあ四カ月かな」と値引き交渉みたいなことを繰り返した末、全治二カ月に落ち着いた。先生としては、これが考え得る最短期間だったと思う。

手術後しばらくは、右眼は焦点がうまく合わない状態だったので、リハビリとして天井から吊り下げた五円玉を振り子のように動かして目で追った。そうしないと患部が凝り固まって眼の機能が衰えてしまい、今までできていたプレーができなくなってしまう。懸命に五円玉を目で追い、病院での視力チェックを毎週欠かさず受け、八月末に実戦に復帰することができた。

復帰後、記者から「ニアサイドにクロスが来たら?」と問われて、僕はこう答えた。

「また飛び込みますよ。正直、怖いけど、怖がって躊躇したら僕がいる意味がない」

この年は右眼窩底・右眼窩壁骨折のほかに膝の故障や手の骨折などで計四回も手術を受けたが、清水エスパルスとのチャンピオンシップでは二ゴールを挙げることができ、制覇に貢献することが少しはできたのではないかと思っている。

今でも視力については、方向によっては二重に見えてしまうことがある。でも、そこまで繊細なプレーヤーではないから大丈夫だろう。

膝の故障で半月板と軟骨を失う

数えきれない負傷のなかで、僕が最も苦しんだのは膝のケガだ。

ヤマハ発動機に入社した翌年の一九九一年二月に、練習試合で相手とボールを挟んで競り合った時、脚を踏ん張ろうとして膝をガクンともっていかれ、右膝内側側副靭帯と半月板損傷の手術をして以来、両膝をそれぞれ二、三回ずつ手術している。

半月板は大腿骨と脛骨《けいこつ》（脛《すね》の骨）の間にある繊維軟骨で、小さなフカヒレのような形をしている。膝の内側と外側にそれぞれあり、膝にかかる荷重を分散したり、衝撃を吸収したりするクッションの役割をしている。僕は手術のたびに半月板を少しずつ削ってきたため膝関節に過度の負担がかかり、大腿骨と脛骨の先端を覆う軟骨もすり減っていった。

今、僕の両膝には半月板も軟骨もほとんどない。半月板損傷や軟骨の摩耗に苦しむサッカー選手は多いが、僕のような例はきわめて少ないのかもしれない。

近年は可能な限り半月板を温存する治療法がとられているが、以前の治療は切除が主流で、削るほうが早く復帰できると言われていた。温存手術だと半月板に亀裂が入ったところを縫合するので、その部分がしっかり馴染《なじ》んで機能するまでに四～五カ月かかるが、内視鏡手術で削ってしまえば二カ月ほどで復帰できると当時は言われていた。

まさかこんな状態になるとは想像もしていなかったので、「手術で痛みが消えて早く復帰できるならそれでいい」と、どんどん削っていくうちになくなってしまったのだ。

二〇〇九年に四十二歳で当時Ｊ２のコンサドーレ札幌に移籍した時、僕が抱える最大の問題は骨挫傷《こつざしょう》だった。半月板がないため大腿骨と脛骨がぶつかって激痛が走り、炎症を起こして腫れてしまうのだ。また、「仮骨《かこつ》」という不完全な骨様組織もできていて、それがささくれのように引っかかるため、膝の曲げ伸ばしもうまくできなくなっていた。

再生医療で半月板や軟骨を新たにつくることができれば劇的によくなる可能性も考えられるが、実際にどこまで回復するかはやってみないとわからない。軟骨に関して東京の専門医に相談すると、「損傷箇所が広すぎて、一年、二年かけても再生は難しいかもしれない」と言われた。

残された策は、どこまで痛みを減らせるか。だが、半月板や軟骨が存在しているのならアプローチのしようもあるが、存在しないものに対しては、どこにどうやってアプローチすればいいのか見当もつかない。

二〇一〇年に、膝のなかのクリーニングも兼ねて仮骨を削り、伸展屈曲《しんてんくっきょく》がほぼ完全にできるようにした。だが、翌年に骨挫傷は悪化し、試合への出場がゼロに。それでも、なんとしてでもＪ１昇格を争っているチームの力になりたかった。

幸い、チームはその年にJ1への昇格を勝ち取ったが、僕は痛みで思うように身体が動かなかった。チームの雰囲気が少し落ちていると感じれば声掛けなどはしていたが、それでどこまでいい影響を与えることができたのか、自分では判断がつかないし、情けない思いだけが強く残っている。

「リハビリできるって幸せでしょ？」

リハビリ生活は孤独で、苦しいことの連続だ。日常生活を送るうえでは問題のない身体になっても、競技者としての日常に戻るためには、それ以上の身体にするトレーニングを続けなければならない。やっている時は本当につらくて、「きついなぁ」「こんな思いをしても復帰できないのかよ」と何度も思った。

ケガを抱えて生きていくには、面倒なことが起きてくることへの覚悟もしなければならなかった。支えてくれるスタッフはいても、その現実を受け止めるのは自分自身しかいない。でも、そこで心が萎《な》えてしまったらプロとしてやっていけない。だから僕は、単調でつらいリハビリ生活を不幸だと思ったことはなかった。というよりも、思わないような考えに変えていた。僕にとって最大の不幸は、プロのサッカー選手でいられなくなることだったから。

「なんでこんなに故障が多いんだ。どうして俺だけこんなつらい目に遭《あ》うんだよ」とマイナス思考になりそうなこともあったが、「いや、ちょっと待て。もっとつらい人はたくさんいるよな」と考えるようにしていた。僕と同じようなケガで思うようなプレーができず、引退を余儀なくされた選手は実際に多い。

「でも、俺はまだ動けるじゃん！　リハビリできるって幸せでしょ？　だって、プロだからこそ苦しい思いをしているんだから」と自分に言い聞かせ、気持ちを奮い立たせた。

グロインペイン症候群になって「走ってはいけない」と言われた時には、プールで下半身を使わずに泳ぎながら、「サッカー選手なのに水につかるだけなんて、なかなかオツだな」とつぶやいていた。そう考えるほうが心に余裕ができると思ったからだ。

その意味で、リハビリ期間というのは身体を元の状態に戻してさらに強くするだけでなく、より強いメンタルを育ててくれる期間でもあると思う。

ただ、ピッチに立てない期間があまりにも長くなると、怖くなることも事実だ。

僕の場合、最初のグロインペイン症候群で試合に復帰するまで八カ月かかった経験があるので、別のケガをしても八カ月以内に復帰できそうなら「これぐらい頑張ればなんとかなるだろう」と予測がつくが、それ以上になると未知の領域になるので自信がもてない。

今の僕がまさにその状態で、約八年間も公式戦から離れている。「なかなか難しいよな」と自信喪失気味の自分もいるけれど、その一方で、「このトレーニングをやると身体のバネが違ってきて動きが軽くなる」といった話を聞くと、「やってみる価値があるな。これで何かが変わるかもしれないし、何かが戻るかもしれないぞ」と期待も出てくる。

誰だって、現場から離れている時には諦め半分、期待半分。そこにちょっとした光が見えれば、期待のほうがグーッと大きくなり前向きになれる。だからこそ、いろいろな方面に目を向け、「これってやる価値あるじゃん！」と思うものをたくさん見つけたい。

あとは、落ち込んだ時に気持ちをスッキリさせる方法をもっているかどうかだ。

ピッチに立てない期間は、気持ちの上がり下がりの波がとても大きい。その波をなるべく小さくして高いレベルで保つことが大事だが、これがなかなか難しい。ひたすら自分と向き合う日々に嫌気がさし、たとえば気分転換にお酒を呑み、飲酒の回数と量が増えていき、そのまま溺《おぼ》れてしまうような人もいるかもしれない。その時に、「こんなことしてたらダメだ」と自制できるようなら、まだ上のステージに行ける可能性があると言えるだろう。

もちろん、お酒でストレスを発散して次のステージに向かっていけるのなら、それも一つの方法だ。人それぞれに方法があっていい。それを見つけるためにも、いろいろな方面に目を向け、よさそうだと思うことを実際にやってみることが大切だと思う。

僕がやってみて意外と効果があったのは、自分をカッコいいと思い込むことだ。そして、自分が自分の熱狂的ファンになることだ。

リハビリ中には、ちょっと痛みがあるだけで不機嫌になったり、効果がなかなか現れなくて筋トレをやる気が失せたりすることもある。でも、黙々とリハビリトレーニングをしているところを人が見たら、「ケガと闘ってる中山、カッコいい！」と思うんじゃないかな——。そんなふうに勝手に思い込むと、「よーし！　じゃあやるかぁ」と筋トレに向かっていくことができた。そして、鏡に映る自分を見つめ、弱い自分に打ち克つ強い自分を想像する。

気分転換になりそうなことをやってみて後悔することもあるかもしれないが、その経験は自分の根底に残る。後悔は停滞や後退にもなり得るので怖いかもしれないが、「このやり方は俺に合ってない」とわかれば、次からは選択しなくなるわけだから、「わかっただけでも得したな」と発想を変えればいい。

いちばんよくないのは、「自分には合わない」と初めから決めつけてしまうこと。人間は弱いから嫌なことを自分から遠ざけようとしてしまうこともあるけれど、「それって逃げてるだけでしょ？」と自分に問いかける勇気があれば、弱さに勝っていけるはずだ。

実際にやってみなければ、自分に合うか合わないかはわからないし、時にはハチャメチャな気分転換がよい方向に働くこともある。

少なくとも、何もやらずに落ち込んだままでいるよりはいいし、「俺はこういうことをやって失敗したからやめたほうがいいよ」と誰かにアドバイスできるかもしれない。そうなれば、一つの経験として自分のなかにしっかり蓄積されたことになると僕は思っている。

ラクしようとして逃げると、自分のプライドが傷つく

二〇〇三年にグロインペイン症候群が再発した時、リハビリのメニューを構築してくれたのは、ジュビロ磐田の理学療法士マルコ・ファン・デル・ステーンだった。

マルコがつくるメニューはかなりきつく、それをこなすことを選手に厳しく要求するので、周りの若手はビビっているようだった。でも、僕はこう思っていた。

「やるしかないじゃん。次にピッチに立った時、前より強い自分になっていたいなら、そのメニューをやり続けるしかない。やればいいだけの話だよ」

ジュビロ磐田時代も、コンサドーレ札幌時代も、僕はそういう気持ちでリハビリに取り組んできた。ケガでピッチから遠ざかるたびに、「試合勘は多少失われているだろうが、フィジカルに関してはケガをする前より強くなって復帰したい」と思っていた。

ピッチに再び立つためには試合勘を取り戻さなければならないし、リハビリ中に自分のポジションに入っていた選手がいるわけだから、今まで以上の力を出してポジション争いに臨まなければならない。

でも、そうしてピッチに立った時、より強くなった自分を表現できれば最高だ。表現できな

ければ淘汰《とうた》され、消えていくだけ。生き残っていくためには、もっとハードな状況に自分を追い込んでいかなければならないし、もっと工夫しなければいけない。動きの工夫、考えの工夫、状況判断が、以前にもまして必要になる。

その挑戦に挑んでいける身体をしっかりつくれるのなら、どんなに厳しいリハビリでも、よしとすべきだろう。

これまで試合に出ていたがゆえに弱い部分を強化できなかったことを考えれば、リハビリ期間をもてたことは、ある意味ラッキーともいえる。リハビリによって弱かった部分が強化され、これまでとは違う身体ができあがるからだ。

動き、考え、状況判断力など、今まで自分がもち合わせてきたものに強化された肉体が加われば、新たに躍動できるかもしれない。

リハビリに対する見方を変えれば、そんな希望さえ湧いてくる。

もちろん、ケガをするのは誰だってイヤだ。痛みを抱えながらのリハビリは、ものすごく苦しい。試合はおろか練習もできない日々は、歯がゆくて悔しい。

しかし、それでプライドが傷つくなんて僕は考えたこともなかった。ラクしようとして逃げるほうが、よっぽどプライドが傷つく。むしろ、苦しむことが自分の財産になっていくような気がした。

だからリハビリ中は、「誰も見てないけど、こういう地道な努力が本当の力になるんだよな」と自分で自分を盛り上げ、〝今まで以上に強くなった自分〟をイメージしながらメニューに取り組んだ。

俺が俺に期待できなくなったら、ジ・エンドだ。

アスルクラロ沼津でリハビリを続ける今も、この思いはまったく変わらない。

現役復帰プロジェクトの開始

二〇一二年末にコンサドーレ札幌を退団したのは、膝の故障で歩くだけでも激痛が走り、日常生活にも支障をきたしていたからだ。これ以上チームに迷惑をかけられない。その一方で、独り善がりかもしれないけれど「膝さえよくなれば……」「プレーヤーとしてまだやりきれていないこともある」という思いも強かった。

そんななかで出会ったのがトレーナーの中村和睦《なかむらかずちか》さんだ。

「ゴンさん、まだサッカーやる気ありますか?」

札幌でチームメイトだった選手から訊かれ、

「もちろんあるよ!」

と即答すると、

「ゴンさんの退団会見を見て、リハビリのお手伝いをしたいって言う方がいるんです」

と中村さんを紹介された。ケガで選手生命を脅かされたアスリートを数多く復帰させてきた人物で、その手腕はスポーツ医学界で注目されていると聞き、すぐにお会いした。何度も話し合い、現役復帰に向けたサポートをお願いすることにした。

中村さんは、世界中から治療やトレーニングのスペシャリストの協力を得てチームで治療や施術に当たり、自らはそのコーディネートをするという独自の考えをもっている。トレーナーにも細かな分野があり、そのなかから選手の身体の状態に最もふさわしい人物を選び抜き、さまざまな角度からリハビリの方法を協議し、最良と思われる策を打つ。

彼はまず、X線やMRIの画像で僕の膝がどういう状態なのかを確認し、実際に走ったり運動したりする様子もチェックした。そのうえで、関節の可動域を広げるのが得意なDC（ドクター・オブ・カイロプラクティック、欧米でカイロプラクターの国家資格を取得した専門家）や、身体全体のコンディショニングが得意なトレーナーなど、国内外のスペシャリストに声を掛け、リハビリチームを結成してくれた。

まず取り組んだのは、お尻の筋力強化トレーニング。僕は、若い頃にやった恥骨結合炎の影響で股関節が硬くなり、動きも悪い。そのため、サッカーに必要不可欠な走る動作、止まる動作、横に飛び出す動作の時に踏み込みがきかず、膝が内側にガクンと捻《ね》じれてX脚になり、ただでさえ痛い膝にさらにストレスがかかってしまう。こうした膝の動きをテーピングだけで抑えるのは無理なので、股関節をもう少し強くする必要がある。

そこで、脚を高く上げながら階段を一段ずつ上るトレーニングをすることになった。腿裏からお尻にかけた大きな筋肉に刺激を与え続ければ、股関節を含めた身体全体の動きが徐々によくなり、膝だけで補っていた動きを代償することができるからだ。

僕が所属する事務所近くの公園の階段でこのトレーニングを続け、股関節の動きが少し出てきたところで、脚を高く上げながら階段を一段飛ばしで上っていくトレーニングも加えられた。これは、筋収縮のスピードを上げていく前段階のトレーニングだ。

その頃の僕はトップスピードで走ると危険な状態だったが、このトレーニングなら、階段の上りでパワーは使うが筋収縮のスピードはそれほど上がらないので、危険性が低い。下りで一段飛ばしをするのは危ないので、階段を下りる時はゆっくり歩くこと、脚を上げる時の軌道、力の入れ方なども細かく指示された。

初めはこれらのトレーニングに多くの時間を割《さ》いた。さらに、凝り固まった両脚の筋肉・腱《けん》・靭帯をほぐす施術や、左右で異なる関節可動域の調和を図るための施術、膝の動揺を少なくするためのサポーターやインソールを使った矯正など、身体をスムーズに動かせるようになるために考えられる、ありとあらゆるアプローチをしていった。

「オヤジの悪あがきに付き合ってもらえませんか？」

リハビリを始めて一年後の二〇一四年。膝の状態を見ながら実践的なトレーニングができるようになった。八月には福島県で行われたチャリティーマッチに出場し、約三十分間ピッチを走り回った。相手は地元の高校生チームだったが、一年前には膝の激痛で歩くことさえできなかったことを思うと大きな前進だ。

しかし、膝の状態は医学的には限界。何人もの専門医を受診したが、異口同音に「サッカーなんてとても無理。人工関節を検討するレベルです」と言う。

そこで中村さんは、新たに鍼灸《しんきゅう》師の野田重信《のだしげのぶ》さんに声を掛けてくれた。僕の手術歴や検査画像を確認した野田さんは「私には無理です」と辞退したが、「直接お話ししてから決めてもらえませんか」とお願いし、一四年秋に面談。その時、僕は野田さんに訴えた。

「結果として治らなくてもいいんです。やっぱり無理だったでもいいんです。僕みたいなオッサンが必死にもがいてチャレンジする、そんなカッコ悪い姿が誰かの励みになるなら、それでいいんです。僕からサッカーを取ったら僕じゃなくなってしまう。サッカーは僕の人生そのものなんです。こんなオヤジの悪あがきに付き合ってもらえませんか？」

想いは通じ、野田さんは僕の治療を引き受けてくれた。

これまで、僕のリハビリチームには八人のスペシャリストが参加してくれた。現在のスタッフは、コーディネーターの中村さん、バイオメカニクスアドバイザーの桑原《くわばら》朋章《ともあき》さん、トレーナーの根城《ねじょう》祐介《ゆうすけ》さん、鍼灸師の野田さんの四人。また、アメリカ在住でプロアスリートのケアをしている清水《しみず》俊太《しゅんた》さん（LAギャラクシーメディカルスタッフ、米国公認カイロプラクター）も、来日時に膝のケアをしてくれている。彼らは、僕の身体の状態をトータルにチェックして意見を交換し、トレーニングや治療の方法を検討してくれる。

たとえば、膝の痛みの原因としては、足首や股関節の柔軟性の不足、体幹がしっかりしていない、お尻の筋力が弱いなど、さまざまなことが考えられる。それらを一つひとつチェックし、僕の身体には何が足りないのか、どの部分がうまく動いていないのか、意見を出し合う。

実際に行き着いた答えは、足首と股関節の周りの筋肉や腱がガチガチに硬くなり、関節の可動域が狭くなっていること。まずはそれを柔らかくしようということになった。

こういう場合、僕のリハビリチームでは役割分担に応じて次のことをする。

①身体のチェックとコンディショニング

身体の調整が得意な桑原さんがアライメント（骨と軟骨・関節の配列）をチェックし、硬くなっているところに指でアプローチして柔らかくし、コンディションを整えてくれる。桑原さんのイメージでは、指で圧を入れながらちょっと滑らせ、骨にくっついている筋肉や腱を骨のキワから離していくような動きをしながらストレッチする感覚だという。

腱にこの施術を受けると猛烈に痛い。普通の人なら悲鳴を上げてしまうのではないかと思う。でも、硬くなっているものを動かそうとすれば痛いのは当然。これまでいろいろな痛みを経験してきたから、僕は相当我慢強いつもりだ。痛いからといって力を入れると指がうまく入っていかず桑原さんがやりづらいとわかっているので、「なるべく力を抜いて頑張ろう」と努力する。桑原さん曰《いわ》く、「ゴンさんは顔で頑張る」。きっとものすごい形相になっていたに違いない。

②トレーニングメニューの組み立て

身体のコンディショニングの進捗《しんちょく》に合わせて、根城さんがトレーニングメニューを組み立ててくれる。彼は、サッカーに関与しない動きもメニューに入れてくれている。

「ゴンさんはサッカーの動きに特化した身体になっているので、サッカーではしないような動きを入れるだけでも、普段使わない可動域で身体を動かすことになります」

同じ動きばかりやると身体の一部分だけに負担がかかってしまうが、できるだけ違う動きを入れれば身体の摩耗を防げる。ここ数年続けているのは、赤ちゃんのように四つん這いでハイハイする（その時、膝は地面につけない）、エアロバイクを漕ぐ、ボルダリングのように壁を上下に動くといった運動だ。脚だけでなく手も使うことで体幹部分に刺激を与えることができるのだ。

③治療と施術

野田さんが、足首や股関節がより動くようになる治療をしてくれている。治療のメインは、股関節のコラーゲンをラジオ波で温めて柔らかくすることだ。コラーゲンというとサプリメントを連想する人が多いと思うが、外からの摂取に頼らず、自分のもっているものを活かすほうがいいということだ。

股関節を固めている繊維はコラーゲンでできている。体内のコラーゲンは三九度以上の熱を加えると形が変わりやすくなる。たとえれば、牛脂が溶けていくイメージ。ただ、コラーゲンは体内の深いところにあり、単純に外から温めるだけでは届かないので、高周波のラジオ波で身体のなかに熱を発生させる機械を使っている。ラジオ波には電気のようなビリビリ感はないが、使い方を間違えるとヤケドをするそうだ。

こうしてコラーゲンの形が変わり得るまで充分に熱を加えてから、野田さんが手を使って少しずつ形を変え、股関節を柔らかくしていく。ただ、僕の場合は一週間で元に戻ってしまう。

牛脂を一回溶かしても冷めるとまた固まるのと同じ理屈だ。だから、リハビリや練習を続けていく限り、この治療も継続することになる。

④必要に応じたプログラムの構築

関節の可動域には誰でも左右の差があるので、身体をスムーズに動かすためには、左右の調和を考えて細かく微調整していく必要がある。中村さんは、そうしたアプローチができるプログラムを考え、モーターコントロール（日常あまり使っていない身体の部分を使いやすくするトレーニング）をこまめに入れてくれている。

また、今の僕には伸縮性系のトレーニングも必要だと判断し、「動的ストレッチマシン」（ホグレル社）もコーディネートしてくれた。独自のマシンで身体にちょっとした負荷をかけ、リズミカルな動作を繰り返すことで筋肉や神経を機能させるトレーニングである。体験してみると感触がとてもよく、これは続けていくべきだと感じた。

⑤情報の共有とフィードバック

こうしたリハビリの内容や四人のスタッフの所見は、アスルクラロ沼津のトレーナーにも伝えている。チームのトレーナーは、その情報に応じてストレッチやトレーニングの強度を変えたり、別のメニューを取り入れたりしてくれている。

このリハビリプロジェクトを成功させるには、僕を含めた全員が情報を共有し、意見を交換し合い、出てきた結果をフィードバックして次につなげていくことが大切なのだ。

これは、どんなプロジェクトにもいえることだろう。

心強い助言者の存在

中村さんと出会ってから七年。リハビリを続けるなかで、助言者の存在がいかに重要かを僕は痛感している。

日々のトレーニングは、やりすぎてもマイナスになるし、やらなさすぎてもマイナスになる。そこの匙《さじ》加減を自分で冷静に見極めることも必要だが、助言をしてくれる中村さんたちの存在が僕にとっては非常に重要だ。

僕は昔から練習をやりすぎてしまう質《たち》で、「このメニューはやらなくていいですよ」と言われると、「やらなくていいということは、やってもいいんだ」と解釈してしまう。本心は厳しいことなんかしたくないけれど、やらないと不安が先立ってしまうし、やることによって自分を活性化できるような気もして、「だったら、やっておこう」となり、ついオーバーワークになってしまう。

こんな質だから、「これ以上は絶対にやってはダメです」と言われると、逆に安心する。いちおう理由は知っておきたいので「どうして?」と訊き、納得すれば「わかりました。頑張ってやらないようにします」と言ってそのとおりにする。僕にとっては、やらないことも頑張ることなのだ。

「やらなくていいよ」なのか、「やるな」なのか、その線引きをはっきり言ってくれるアドバイザーが僕には必要だった。

トレーナーには、相手のパーソナリティをしっかり見抜いて言葉をチョイスするコミュニケーション能力と、相手をコントロールする能力が求められると思う。ビジネスでいえばメンターのような存在だ。中村さんをはじめとするリハビリチームのスタッフは、まさにこの能力に長《た》けた人ばかりなので、とても心強い。

治療者とのコミュニケーションも重要だ。

僕は今、週に一度、野田さんの治療を受けている。治療院に行くと、まず治療台に仰向けに寝て、足首や股関節や膝がどこまで動くかチェックを受ける。その時、

「ゴンさん、前回と比べてすごく硬いですよ。動いていませんね」

と言われるとホッとする。「動いてないから痛くていいんだよね」と思えるからだ。

もちろん僕も野田さんも動いていてほしいと思っている。けれど、もし股関節も足首も膝も

充分に動いているのに痛いのであれば、もう手の施《ほどこ》しようがない。

動かないから痛いということは、動けば痛くなくなる可能性があるわけだから、まだアプローチのしようがあると、プラス思考で受け止めることができる。

僕たちはこうしてコミュニケーションをとりながら、「このやり方でやってみてうまくいけば続ける、うまくいかなければ別のやり方に変える」というトライ&エラーを根気よく繰り返し、より実践的なトレーニングメニューを増やしてきた。

時には、悪いところを強化すると別のところが悪くなり、一歩前進二歩後退という時期が続くこともあった。身体の使い方は人それぞれで違うので、方程式には当てはまらない。まして僕は、サッカー選手として生き残るために、プレーのなかで無理な動きを長年続けてきた。それが身体のあちこちにひずみとなって現れ、本来ならとっくにドクターストップがかかっている状態だろう。もしかしたら再生医療が必要かもしれないレベルまできていて、痛みを完全になくすことはほぼ無理だろうというのがリハビリチームの見解だ。

それでも僕たちは、リハビリの最終目標を「公式戦のピッチに立つこと」に置いている。チャレンジは道半ばだが、確実に効果が現れているところもある。

最初の一年半ぐらいは、動くと膝に水が溜まり腫れて熱をもつこともあり、そのつど水を抜いていたが、ここ二、三年はそんなことはなくなった。まだピッチには立てていないが、二〇一九年から沼津で暮らしはじめ、週に一日だけ治療日を設け、それ以外は練習に参加している（といっても別メニューだが）。

半月板がないのになぜランニングできるのか

「半月板がないのに走って痛くないんですか？　怖くないんですか？　そもそも、なぜ半月板がないのに走れるんですか？」と訊かれることがある。

「痛いです。怖いです。自分でも走れるのが不思議です」というのが率直な答えだ。

半月板がないのに走れるというのは、西洋医学的には納得できることではないようだ。コンサドーレ札幌時代からお世話になっている医師が、今でも年に二回ほど僕の膝のＭＲＩ撮影をしてくれるのだが、画像を見ても「なんで走れているのかわからない」と言っている。

桑原さんによると、半月板は膝への衝撃を吸収するクッション材なので、それがなくても周りの筋肉がしっかり支えていれば、膝の伸展屈曲ができなくなるわけではないという。

ただ、僕の膝は衝撃に弱くなっているし、軟骨もすり減ってほぼないので、走ると大腿骨と脛骨がぶつかって強い痛みを伴う。それを我慢して走っているのが今の状態だ。

テーピングかサポーターで大腿部の筋肉を捻《ね》じり上げないと怖くて走れないし、走ればやはり痛い。お尻の筋肉を鍛えることによって痛みが和らぐことはあると思うが、関節包《かんせつほう》のなかが滑液《かつえき》でしっかり満たされるには半月板がやはり必要で、それがないと滑液が潤滑にまわらず可動域が狭くなり、どうしても痛みが増してきてしまう。

痛みが激化するとまずいので、関節の形や骨挫傷の有無などを検査でチェックし、「まだ大丈夫」と言われたから走っているが、走り出しはやはり怖い。

沼津で練習する時は、練習開始の走り出しでその日の痛みの強弱が決まるので、軽く走れると「今日はいけるじゃん！」と気持ちがラクになる。練習の途中で痛みが出てきた時は、チームのトレーナーにそのことを報告し、いったん休む。自分で脚を軽く叩いたり、ほぐしたりするうちに少しラクになると、トレーニングを再開している。

膝を診《み》てくれた専門医からは、「人工関節を考えてください。もう時間の問題ですよ」と言われたこともある。でも、人工関節にしたらサッカーができなくなってしまう。

一九八〇年代に西ドイツ代表として活躍し、その後Jリーグでもプレーしたピエール・リトバルスキーさん（僕より七つ年上）が人工関節にしたので、人づてにどういう具合なのか訊いてみたところ、「日常生活には別に問題ないけど、サッカーをすると人工関節がすぐにダメになってしまう」とのことだった。人工関節自体は金属製なので激しい運動をしても壊れたりしないが、それを埋め込んでいる自分の骨のほうがグラグラしてきて、人工関節が動いてしまうそうだ。

その場合は人工関節をいったん外し、骨にあけてある孔をさらに少し深くくり抜き、そこに人工関節をまた入れることになる。今の医学の技術では、この処置は二回までしかできないそうだ。二回以上やると土台の骨がダメになるので骨を削ることになり、脚の長さが変わってしまうため車椅子の生活になるという。

今の人工関節は品質がよいので通常は十五〜二十年もつと言われているが、もし僕が人工関節にしてサッカーを続けたら五年ぐらいしかもたないだろうし、タックルなんかされたら一発で壊れてしまうだろう。それに、年齢の問題もある。

「ゴンさん、人工関節にしたらもうサッカーは二度とできませんよ」

と野田さんに言われたが、アメリカでは人工関節にしても激しいコンタクトスポーツをやっている人たちがいるらしい。そのことについてもっと詳しく調べ、今後に活かせればいいなとも思う。

身体を整えるヒント

僕がやっているリハビリトレーニングのなかには、読者の皆さんが手軽にできるものや、身体の状態を整えていくためのヒントがある。そのなかのいくつかを、リハビリチームのスタッフから教わった知識も含めて紹介しよう。

◎お尻の筋肉強化でヒップアップ

リハビリを始めた当初やっていた「お尻の筋肉強化トレーニング」は、ヒップアップにも非常に効果がある。脚を高く上げて、階段を一段ずつ上っていくだけなので、日常生活に簡単に取り入れられると思う。

◎バランスを考えて身体を動かす

僕はスタッフから、「腹筋運動をしたら背筋運動もやってください」と言われている。身体の前面だけ鍛えて背面を鍛えないとバランスが悪くなり、ケガにつながりやすいからだ。

僕としては腹筋運動のほうがやりやすいし、お腹の筋肉がカーッと熱くなることで〝やっている感〟を得て安心したい気持ちもあるのだが、やはり身体のバランスはしっかり考えなければいけない。トレーニングがある程度習慣化している人は、いつもやっている運動と逆のイメージ、いわば裏の動きも取り入れるほうがいいだろう。

また、人間の身体はいろいろなパターンで動くほうが、ケガが少ないと言われている。

赤ちゃんや小さい子供は、決まったパターンでは動かない。でんぐり返りをしたり、転がったり、寝ている間も身体の向きがくるくる変わったり。とにかくいろいろな動きをしている。

ところが、大人になればなるほど日常の動きはパターン化され、それに伴い身体の不調を感じる人が増えていく。

たとえば、スマホを使う時はうつむきがちになり、肩が丸まった姿勢になる。人間の頭の重さはボウリングの球一個分くらいあり、その重さを首の筋肉で支えている。うつむいて頭が前に傾けば傾くほど、頭の重さが首に与える負荷は大きくなり、首を支えている肩にも大きなストレスがかかる。この状態が長く続くと、首や肩の筋肉がパンパンに張って、いわゆる「スマホ症候群」の一つである首・肩の凝りや痛みを引き起こすことになる。

また、デスクワークをしている人は前かがみの姿勢が長時間続くので、身体の前面の筋肉は縮みっぱなしになり、背面の筋肉はずっと伸びたままになる。

このように日常生活で身体の動きがパターン化すると、さまざまな弊害が出てくるので、首や腰を後ろに反《そ》らせるとか、肩を回すとか、意識して逆の動きをするほうがいいのだ。

◎関節痛のメカニズム

ユースの練習を見ている時、僕はちょくちょく足踏みをする。同じ姿勢でずっと立っていると膝が痛くなるからだ。車のなかでも、同じ姿勢のままだと膝が固まってくるので、曲げたり伸ばしたりしている。膝に痛みを抱えている人は、重心をちょっと変えたり、適度な曲げ伸ばしで膝をほぐしてみるといいだろう。

ちなみに、人間の身体には、たくさん動く関節と、あまり動かない関節が交互に並んでいる。上からいくと、胸椎《きょうつい》はたくさん動く関節、腰はあまり動かない関節、股関節はたくさん動く関節、膝はあまり動かない関節、足首はたくさん動く関節だ。

一般に関節痛の原因は、本来たくさん動くはずの関節が動かないため、そのそばにあるあまり動かないはずの関節が動きすぎてしまうからだと考えられている。つまり膝痛は、本来動かなければいけない股関節が動いていないサインだといえる。

◎トレーニングは最初から飛ばしすぎない

健康維持のためにジムに通う人は多いが、トレーニングの効果はすぐに現れないため、途中で挫折する人もかなりいる。よくあるのは、初めのうちは熱心に毎日ジムに通う→仕事の忙しさなどを理由に一回休む（次に二倍やればいいや）→次もまた休む（今度三倍やればいいや）→しだいに足が遠のいてまったく通わなくなる、というパターンだ。

これを避けるには、最初から張りきりすぎないことだ。ジムのトレーナーは「初めはこのくらいでいいですよ」と言っているのに、「もうちょっといけるかな」と飛ばしすぎると、きついと感じて足が遠のいてしまう。初めは、ちょっと物足りなさを感じる程度で終わらせるほうが、「もう一回行こうかな」という気になり、結果的に習慣化しやすいと思う。

あるいは、払った会費の元を取るという発想もいい。行かなければ会費を捨てるようなもの。そう思ってジムに通ううち、トレーニングが快感になってくることもあるはずだ。正しいやり方で年齢相応のトレーニングを続けていけば、すべてのエクササイズには効果があるのだ。

沼津での単身赴任生活

リハビリを始めてから二年が過ぎた二〇一五年九月。僕は、山本昌邦さんの勧めでアスルクラロ沼津の練習に参加させてもらい、プロを目指す若い選手たちと一緒に全力でボールを追った。そして沼津に入団。「現役復帰」という第一目標を果たした。

復帰後の初めのうちは東京の自宅から沼津での練習に月二、三回、その後は週二回参加するようになったが、二〇一九年に生活拠点を沼津に移して単身赴任を開始。二〇二〇年一月、沼津と契約を更新させてもらった。

嫁さんに「もう一年やろうと思うんだけど」と言った時には「えーっ」と驚かれた。身体を傷めるだけだからやめてほしいと思っていたのかもしれないが、その一方で、「続けるだろうな」と予測もしていたようだ。単身赴任のことも、「もう決めちゃっているんでしょ」と諦めている感じで、相談というより事後報告に近かった。

なんだかんだ言いながらも、嫁さんは僕のよき理解者だ。ジュビロ磐田時代にはホームの試合をよく観に来て、僕のほうから「今日の試合、面白かった？」とよく訊いていた。コンサドーレ札幌時代も単身赴任だったが、時々試合を観に来てくれたし、夏休みには子供と一緒に観戦しに来ていた。沼津への単身赴任や現役続行のことも、最終的には僕の意思を尊重してくれているので、「ありがたいな」と感謝している。

沼津では、午前中に練習し、外で昼食をとってから家に帰り、ユースの練習がある日はその時刻まで休み、練習から帰って食事をし、お風呂に入ってすぐ寝るという規則正しい生活を送っている。基本的に週に一度東京で仕事があるので、自分で車を運転して東京に行き、それに合わせて野田さんの治療院で施術を受け、沼津に帰る。睡眠時間は最低でも七時間は欲しいと思っている。一人暮らしだと生活のリズムがつくりやすく、その意味では東京にいた時より落ち着いているかもしれない。

掃除洗濯はもちろん自分でやるし、洗濯物もちゃんとたたんでいる。家族と暮らしていると「嫁さんがやってくれるだろう」と思ってしまうが、一人暮らしだとやらなければ散らかる一方なので、風呂掃除は休みの前日に、掃除は時間が空いた時や休日にしている。

掃除機がけは、いろいろと考えごとをしながら何回も同じところを行き来するので、けっこういいトレーニングになっているかもしれない。「右足を前にし続けたら偏《かたよ》っちゃうから、あそこは左足を前にしよう」とバランスを考えながら掃除機をかけ、「ああ、きれいになった！」とスッキリする。それが気分転換にもなっている。

食事はほとんど外食で、とる時間帯もまちまちだ。昼は、時間があれば行きつけの定食屋さんでガッツリ食べる。僕を家族同様に扱ってくれるお店で、おにぎりまで持たせてくれるのがありがたい。昼にしっかり食べるので、夜はそのおにぎりを一個だけ。朝は練習前にもう一個。昔の朝食はヨーグルトに青汁を入れたものと大好きな菓子パンだったが、今は菓子パンを自分で買うことはない。あとは意識して野菜をとる程度だ。

昔はもっと体調管理に気を配っていたので、消費期限切れや賞味期限切れのものは食べなかった。今も気にはなるが、賞味期限なら多少過ぎていても食べてしまう。ただ、身体のマイナスになりそうなことには気をつけている。たとえば、夏場の生ものはちょっと置いておくとダメになってしまうので、すぐに冷蔵庫に入れて早めに食べるようにしている。

以前は赤ちゃん用の粉ミルクを飲んでいた時期もある。赤ちゃんの成長に必要なものがすべて入っているので栄養過多になると思ってやめたが、最近取材させていただいた七十八歳の現役プロレスラー、グレート小鹿《こじか》さんが粉ミルクを飲んでいることを知った。

小鹿さんは、オリーブオイルとトマトジュースと甘酒を一定の割合で混ぜたものも飲んでいるらしい。僕も昔、エクストラバージンオリーブオイルを毎晩おちょこ一杯飲んでいた。油感が苦しくてやめてしまったが、小鹿さんのお話をお聞きして「やってみようかな」と思ったりした。

加齢とともに筋肉は落ち、体脂肪率は高めになっている。昔の体脂肪率は六～八％、最も低い時は四％だったが、今は一〇％前後。それをどう減らしていくか思案しているが、最近は何もしていないとすぐお腹が減ってしまう。食べ過ぎた分を消費するには練習量を増やさなければならず、それでまた身体に負担がかかってしまうので、注意しなければいけないと思っている。

練習には昔から開始一時間前には行っていた。それは今も同じで、身体をほぐしてストレッチをしたあと、身体をチェックしてもらってから練習に入る。

リハビリトレーニングを始めた頃より身体の動きは進化しているが、まだまだ全然だと思うことのほうが圧倒的に多い。それでも、「ここまでやれるようになったな」と手ごたえも感じている。ただ、膝の痛み自体は変わらない。

「チームメイトとともにボールを追う」という目標に向けて、僕らの挑戦はこれからも続いていく。

第六章

技術と気持ちの持ち方をいかに教えるか

なぜユースのコーチをするのか

僕は二〇一九年三月末から、設立二年目だったアスルクラロ沼津U－18の選手たちをアシスタントコーチ的な立場でサポートしている。JFA公認S級コーチのライセンス取得に必要な指導実績を積むことが目的だったが、ライセンス取得後も週に数回、自分の練習を終えたあと、夕方から指導している。

一九年秋には、Jリーグユース選手権大会の試合も見守った。一回戦のモンテディオ山形ユース戦は3－2で勝った。FWの杉本大雅《すぎもとたいが》がハットトリックを決めたこともあり、選手たちは「いいところまで行けそうだぞ」と思ったようだが、二回戦で強豪・京都サンガF.C.U－18と当たり、序盤で立て続けに点を取られ1－3で敗北。みごとに叩き潰された。

試合後、ショックを隠せない選手たちに、僕はあえて何も声を掛けなかった。自分たちの力はまだこんなものなんだという現実を、彼ら自身でしっかりと受け入れてほしかったからだ。

この試合で何が足りなかったのか、まずは自分たちで紐解《ひもと》く意識をもってほしい。そのうえで、一つひとつのプレーの精度やポジショニング、攻守の切り替えの速さなど、たくさんある課題をクリアできるよう指導するのが、僕の役目だと思っている。

沼津U－18は設立三年目のまだ若いチーム。出場する一つひとつの試合の成績がチームの歴史になっていく。まさに「僕の前に道はない／僕の後ろに道は出来る」（『道程』高村光太郎）という状況。この言葉はすごくカッコいいけれど、何もないところに道を切り拓《ひら》いていくのは非常に大変な仕事だ。

苦労もたくさんあるだろうが、選手たちにはチームの歴史を築いていく誇りと責任をもってサッカーに取り組んでいってほしい。そのベースとなる気持ちの部分と技術的な面でのアドバイスを、僕は続けていくつもりだが、彼らの成長に少しでも役立ってくれることを祈っている。

若い選手を教えていると気づかされる点も多い。彼らのプレーを見ながら、「この場面ではこういう動きが必要だ」「この局面で切り替えが遅かったらチームの戦力にはならないな」などと自分のプレーを顧みることもある。

サッカーとの向き合い方についても、以前にも増して考えるようになった。

コーチをしている時の僕には冷静な判断が必要だが、選手としては冷静ばかりではいけない。熱い気持ちをどれだけ前面に出してピッチに立てるかが問われる。

熱い気持ちは失いたくない。でも、冷静に自分を見る目も欲しい。冷静な立場から熱い自分を見ればプレーに還元できるものも多いだろうなと思ったり、でも、それじゃちょっと落ち着きすぎかなと思ったり……。いろいろといい刺激をもらっている。

恵まれた環境にいる選手がハングリー精神をもつには

現在のサッカー選手を取り巻く環境は、僕らやその前の世代の人たちと比べてとても恵まれている。日本サッカー界のレベルを底上げしていくうえで、プレー環境が整備されるのは喜ばしいことだ。ただ、素晴らしい環境に甘えるだけでやるべきことをやらないと、取り返しのつかないことになる。

たとえば、以前カズさんと対談をした時、今の高校サッカーでは戦術が非常に重視されている、という話になったことがある。僕の高校時代はそんなに細かい戦術はなく、とにかく堅守速攻だった。ところが今は戦術ありきで、選手は試合中に「どうしたらいいんだろう」という顔をして、よくベンチを見る。

「自分で考える力がなくなっているのかな。ブラジルでは高校年代でもそういうことはない。グラウンドに入ったら、どんどん自分たちで判断して動いている」

と、カズさんは言っていた。

他人から「ああしろ、こうしろ」と言われたことだけやっていても、それを自分の頭で考え、自分のものとして行動しなければ成長はない。それでうまくいかずに「監督やコーチが言ったからそうしたんだ」と言い訳したところで何の意味もない。

カズさんは、「指導者の言うことを一〇〇％やろうとする勤勉さはいいけど、試合はミーティングどおりにいくわけじゃない。一試合一試合、違う状況に追い込まれるんだから、自分たちで判断する力をつけることが大事だ」とも言っていた。僕もまったく同感だ。

技術的には僕らの若い頃より格段に高くなっているのだから、その技術を、動きながらよりスピーディーで、タフで、スペースのない状況で活かせるような練習の工夫も必要である。そうすることが、さらに技術を高めることにつながる。

そのためには、「このままでいいのか？　もっとやれるんじゃないか？」と常に自問自答し、「流されたらそれで終わるぞ」と自分に言い聞かせることが大切だ。

人の心は弱いので、「今日はこれぐらいにしておこう。明日やればいいや」と流されやすい。でも、やるべきことをズルズル先延ばしにしていくと、やがてそこから抜け出せなくなる。仕事や勉強にも同じことが言えるだろう。

そこで自分を律することができればいいのだが、精神的な強さを磨くのはとても難しい。でも、これだけサッカー人口が増えた今、ハングリー精神がない者は落とされていくだけだ。このことは心しておくべきだろう。

いくらサッカーがうまくても、気持ちが入っていなければ試合には使えないので外されていく。多少サッカーが粗削り《あらけず》りでも、ハングリー精神をもって練習や試合に臨んでいる者が、日々の競争を勝ち抜いていく。

要は、「自分の〝替え〟はいくらでもいるんだ」と気づけるかどうかだ。小さい頃からプロを目指すのなら、そこまでの意識をもって、自分を表現するための技術とメンタルを追求する努力を続けていくべきだろう。

素晴らしい環境でサッカーができていることを自覚しながら、志《こころざし》を高くもって練習し、その成果をグラウンドの上で出していってほしいと、僕は願っている。

選手の気づきを促す際に心掛けていること

藤枝東高校サッカー部でキャプテンを務めていた時、僕はチームメイトに「もう、何やってるんだよ！」と文句ばかり言っていた。

すると監督から、「皆が萎縮するからガミガミ言うな」と注意を受けた。

ああ、そうか……。勝ちたい気持ちとチームをよくしたい気持ちが先走り、つい感情的になっていたことに気づかされ、それからはキツイ言葉をあまり使わないように気をつけたつもりだ。

ジュビロ磐田で長い間チームキャプテンを務めていた頃は、自分の可能性を泥臭く突き詰めることに集中し、自ら発言するようなキャプテンではなかったと思う。プロなら人に言われなくても自分で気づくはずだし、キャプテンの自分がもがいて一所懸命な姿を見せることが重要で、その背中を見て仲間がついてきてくれるだろうと思っていた。

しかし、指導者の立場になれば、「言わなくても気づくはず」ではやっていけない。特に若い選手に対しては、指導者が言葉でわかりやすく伝えて気づきを促すことが大切だ。

言葉の力は、とても大きい。ボキャブラリーを豊富にして微妙な部分をあの手この手で伝えられればいいな、とは思っているが、実際にはなかなか難しいと感じている。

ただ、選手を指導する時に心掛けていることはいくつかある。

一つは、選手のプレーを頭から否定しないことだ。

僕は、沼津の若いチームメイトのプレーを見てアドバイスを送ることがある。ある時、チームメイトがゴール前にノールックパスをした。

ノールックパスは、レシーバー（受け手の選手）を見ないでパスを出すことだ。これをやられると相手DFはどこにパスが出てくるかわからないので、守備の裏を突かれて対応が後手になる。ただし、パサーとレシーバーの意思の疎通がしっかり図れていなければ、簡単にできるものではない。

この時も、パサーは絶妙のタイミングでいいところにボールを出したのだが、レシーバーはパスが来ると予測していなかったため、ゴールに結びつかなかった。

その時、僕はパスを出した選手にこう言った。

「今のノールックパスはいいアイデアだね。タイミングもコースも悪くなかったし、DFもまったく反応できなかった。でも、レシーバーはパスが来るって感じてなかった。そういう状況でノールックパスを選択する必要があったのか？　せっかくゴール前まで行ったんだから、そこは丁寧にボールを出すべきじゃなかったのか？　DFに悟られてしまうかもしれないが、レシーバーをしっかり見て自分がそこにボールを出す意思を伝えるとか、身体の向きを変えるとか、声を出すとか、そういうことが必要だったんじゃないのか？　それでボールをつなげていれば、ビッグチャンスになっていたはずだ。いくらいいパスでも、結果につながらなければミスパスになってしまう。それはもったいないでしょ？」

もちろん受け手のほうにも、ノールックでパスが来るという予測は必要だが、「ここへ走り込んでパスを受け取れよ」というメッセージを感じられないレベルなら、パサーはもっと確実なやり方を考えるべきだったかもしれない。多くの選択肢とアイデアをもつことは重要で、状況に応じてそのなかからより確実性を求めることが成功につながると、僕はパスを送った選手に伝えたかった。

それを理解してもらうためには、「この状況でノールックパスはないだろう！」と決めつけるのはよくないと思っている。結果論を振りかざしても気づきは促せない。

だからまず、ノールックパスという発想自体はいいと思うと選手のアイデアを認めたうえで、この状況ではどういう判断が必要だったのかを丁寧に説明した。

この、「根気よく丁寧に説明する」ということは、U－18の選手たちに対しては最も大切であり、僕が心掛けていることの一つである。

どんなアドバイスでも、一度は自分のなかに入れてみる

今はどんな組織のリーダーも、メンバーへの接し方や言葉の投げ方の一つひとつに気を遣う時代になっている。世代に応じた適切な向き合い方や、パワハラにならない指導法も、いろいろなところで紹介されている。僕もそれは大事だと思う。

でも正直なところ、「ちょっと甘いんじゃないかな?」という気持ちもどこかにある。たとえば、「俺たちの時代は」から始まる年配者の助言をダサイと毛嫌いし、「そんなアドバイスいらないよ」と拒絶する若者は少なくない。幸い、僕の周囲にはいないが、もしそんな態度を取られたら、「そういう時代を生きてきたんだよ!」と言ってしまうかもしれない。

「だったら文句を言われないだけの仕事やプレーを見せてみろよ」と、内心では苦々しく思っているリーダーや指導者は多いのではないだろうか。

とはいえ、どんなに心を砕いて話をしても、聞かないやつは聞かない。そこをどう納得させるか、言い方というのは本当に難しい。アドバイスを聞き入れない人というのは、それなりの

能力があってその世界で生き残っていることが多いので、下手にアドバイスをすると、その人のよさがなくなってしまうこともある。

たとえば、サッカーでいえばドリブラー（ドリブルを得意とする選手）にアドバイスする場合だ。俊足を活かして相手をかわしたり、トリッキーな足技を使ったり、ドリブルはサッカーの醍醐味《だいごみ》の一つだ。ドリブラーは能力に裏打ちされた自信をもっているし、自負心も相当に強いので、「そんなところでドリブルするんじゃない、パスしろ！」などと言っても通用しないだろう。

だが、メッシやネイマールのような世界的ドリブラーならいざ知らず、日本でプレーしている若い選手には、きちんとしたアドバイスが必要だ。そうしなければ、せっかくの能力を活かしていけなくなる。

そこで僕は、「ドリブルもいいけど、あの場面でやるものだったのかな？」などと疑問を投げかけることから、アドバイスに入っていくようにしている。

「あの場面でボールは奪われなかったけど、攻撃のスピードは落ちていたよね。もっと簡単にボールを出して前に運ぶほうが、相手側の綻《ほころ》びを突きやすい瞬間がつくれたんじゃないか？そこにドリブルを入れたことによって相手は帰陣してしまうし、そうなればスペースもなくなってしまう。せっかくいいものをもっているんだから、そのドリブルをもっと違うエリアで活かすほうがいいんじゃないか？」

このように、相手の能力は能力としてきちんと認めたうえで、ドリブルではなくパスを選択すべきだった理由を伝えるようにしている。

指導者は、プレーの選択の善し悪しや、そのプレーの成功や失敗を見て、結局は結果論でモノを言ってしまいがちだが、そのアドバイスを受ける側の若い選手たちには、人の話を聞ける人間になってほしいと願っている。ただ聞くだけではなく、〝ちゃんと聞く〟ことが大事である。それを自分のなかに取り込み、消化し、自分に還元していってほしい。

他人の意見やアドバイスのなかには、自分にとって大切ではない話もあるだろう。でも、まずはちゃんと聞き、いったん自分のなかに入れるほうがいい。そのうえで、自分で判断し、必要だと思うところは行動に移してみる。その行動が自分にとってプラスになるなら継続していけばいいだろう。

また、他人の行動を見て自らの行為を顧みて、「自分も改めるべきだな」と感じた点があれば、改めていってほしいとも思っている。これは、僕が幼い時からおばあちゃんに「人のふり見て我がふり直せ」と、ずっと言われていたことが影響しているかもしれない。

人の意見や行動に振り回されるのではなく、自分を客観視するためのツールとして活かすこと。それができるかどうかが、自分自身を成長させていくうえで非常に重要なカギになると、僕は思うのだ。

監督の役割とは

二〇二〇年三月、僕はJFA公認S級コーチのライセンスを取得することができた。

この資格を取得するには、プロリーグ公式戦三〇〇試合以上などの出場経験が必要で、B級（アマチュアレベル）、A級（アマチュアのトップレベル）と段階的にライセンスを取得したうえで、S級に必要なカリキュラム（合計六十二日の講習会の受講と、国内外での三週間以上の実施研修とレポート提出）をクリアする必要がある。S級を取得すればJリーグや男女日本代表の監督を務めることができるが、僕はまだまだ現役にこだわっている。

将来的にコーチや監督を目指すとなれば、僕には改善すべき点が多々あると思うが、それはさておき……。

監督の役割とは、選手が前向きにプレーできるように内発的な気持ちをいかにコントロールするかだと、僕は思っている。

監督は、「チームとしてどういうサッカーをするか」を選手たちに示し、納得させなければならない。J1やJ2では、外国人選手に気持ちよくプレーさせることも重要だ。攻撃的なポジションの選手は、攻めに関しては責任をしっかり果たすが、守りに関しては緩くなることが多い。守りの部分で「これだけはやってくれないとチームとして機能しない」ということを納得させ、実際にやらせるようにしなければならない。

一方、選手たちは監督の意図を信じて、ひたむきにプレーしなければならない。

ここで重要なのは、そのチームが試合に勝てるかどうか。試合内容も大事かもしれないが、それ以上に結果が重要だと僕は考えている。

監督の意図することがうまくいったかどうかは別として、試合に勝てば選手たちは自信をもてる。監督への信頼感も高まるので、「あの場面ではこうしろ、ああしろ」と言われてもポジティブに受け止めることができ、チームとしてのまとまりもよくなる。

逆に、試合に負けると「本当にこれでいいのかな?」と監督に対する不安が生まれてくる。二試合、三試合と負けが続くと不安はだんだん強くなり、監督の注文をポジティブに受け入れられなくなってくる。監督への信頼が崩れ、注文が文句のように聞こえてしまうのだ。そうなるとチームもバラバラになりがちである。こういうことが起きないよう、選手の気持ちを高めてチームを一つにしていくマネジメント力も、監督には当然必要になるのだ。

日本代表の監督ともなれば、フレンドリーマッチ(親善試合)であろうと常に結果を求められる。「勝利」が監督にとって最大の使命だ。

W杯に関していえば、試合内容がいいに越したことはないが、本戦が本当の勝負なのだから予選はどういう内容でも勝てばいい、という極端な考え方でもいいんじゃないかと、僕は思っている。

強い個性の選手が一人で相手を崩して点を取って勝ったとしても、誰かがロングシュートを一本決めて勝ったとしても、勝ちは勝ちだ。「そんな試合内容じゃダメだ」と言われがちだが、勝ち点3に変わりはない。

そうやって勝ちを重ねて次のステージに進めるならいいじゃないか、予選ってそういうものだろ、という割りきった考え方も僕のなかにはある。

代表レベルになると、「監督の言うことを聞くのも大事だが、それだけでは勝てない」とよく言われるが、これは本当だと思う。監督は基本的なポイントをいくつか選手たちに言うぐらいだし、代表に選ばれるような選手は、そのポイントを踏まえて臨機応変に対応していく。

実際の試合では、それぞれの選手がどう感じ、どう動くかが重要になる。代表監督には時間があまりないので、さまざまな状況に応じたフォーメーションを細かい部分まで構築しておくのは難しい。監督の言うことを踏まえたうえで、自分たちがやりやすい形にどこまでもっていけるかは、個々の選手の力次第だと思う。

だからこそ、監督は選手にうまくポジションを与えて機能させなければならない。その意図に合わなければ選手を替えればいい。クラブチームは決まったメンバーのなかでやりくりしなければいけないので、選手に合ったフォーメーションを考えるが、代表の場合はフォーメーシヨンに合わせて選手を選び、その選手がダメなら別の選手、それもダメならまた別の選手と、いくらでも替えることができる。

もちろん、試合内容によっては厳しく追及されるし、負ければすべて監督の責任になる。監督というのはじつに難しい仕事だ。

二〇一四年九月から二〇一九年六月末まで、ジュビロ磐田の監督をしていた盟友・名波浩は、就任当初J2に沈んでいたチームを翌年にはJ1昇格に押し上げた。二〇一七年シーズンは、獲得した中村俊輔や川又堅碁《かわまたけんご》らの活躍で六位に躍進。しかし、二〇一九年シーズンは一七位に低迷していたこともあり、自らけじめをつけて川崎フロンターレ戦で退任を決めた。彼が四年半監督を務めた試合前には、彼のチャント（応援歌）をサポーターが歌っていた。それだけ愛された監督だったが、最後の試合となった川崎フロンターレ戦だけはなかったそうだ。

最後の試合前日に、僕は彼から、

「明日、観に来てください」

と電話をもらっていた。ちょうどその日は、テレビの生放送などの予定もあり、行けそうにないことと頑張ってほしい旨を伝えた。

ただ、彼への思い入れが強かったし、古巣の状態も気になっていたので、僕はどうにかして都合をつけて彼に会いに行きたいと思った。なんとか試合後半途中に間に合い、試合終了後に監督室で待っていると名波がやってきた。彼が取り組んできた監督としての重責は大変なものだったろう。僕は、ねぎらう言葉さえも見つからなかった。

今の僕は現役選手へのこだわりが強いが、監督への道を考えると、S級コーチの免許を取った今も、いったいどうすれば監督の責務を全うできるのか、雲をつかむようなイメージである。それは現場で経験を積んで学んでいくしかない、と思っている。

スマートさに泥臭さが加われば、さらに強くなれる

僕らの世代が若い頃と比べて、今の選手は環境的に恵まれているし、海外経験を積んでいる選手も多い。目に見える技術的なレベルは非常に上がっているし、スマートにプレーしている。見ていて勉強になることもたくさんある。

ただ、個性の表し方、アピールの仕方はもうちょっと考えてもいいかもしれない。

皆がスマートにプレーしているからこそ、ガムシャラに泥臭いサッカーをすれば目立つ、ということもあるからだ。

僕はサッカーがヘタだから、「泥臭くても、武骨でも、愚直でも、勝ちきる力が大事なんだ」と自分自身に言い聞かせてきた。そりゃあ僕だってスマートでカッコいいプレーがしたい。でも、それができないから泥臭さや武骨さや走り抜くことを追求した。

そこまで行かなくてもいいんじゃないと思うようなところに身体を投げ出すことが、チームのチャンスにつながるかもしれないし、自分の力になるかもしれないと思っていた。そういうプレーが自分には求められているんじゃないか、とも考えていた。それをしないとピッチに立てない、ということも――。

ただ、これはあくまでも僕自身がサッカー界で生き残っていくためのスタイル。すべてのプレーヤーに当てはまるわけではない。

「今の若い選手は勝ちへの執着が足りない」とも言われるが、スポーツ選手で勝ちたくないやつなんていない。勝ちへのこだわりが見えやすい選手と、見えづらい選手がいるだけの話だと思う。

泥臭いプレーをする選手は、勝ちへのこだわりが見えやすい。

こだわりが見えにくい選手は、もっと効率的にプレーをしているのではないだろうか。そこまでパワー全開にしなくてもボールを奪えるだろう、この程度の力を出せばタックルになるだろう、全力でぶつからなければ相手が切り返して方向を変えられてもついていける、などと考える賢さがあるのかもしれないし、それだけの能力もあると思う。

だから、泥臭さとスマートさのどちらがいいとは、一概には言えないのだ。

いちばんよくないのは、スマートなプレーのうわべだけを真似することだ。他の選手のプレーを見て「そんなに力強く攻めに行ってないな」と思っても、実はその選手は先のことを考えている場合が多い。あえて力強く行かないことによって、相手を自分のほうに誘導し、そこで一気に攻めに行く、といったことを考えているのだ。

一見すると力を抜いたプレーのように思えても、その裏では頭をフル回転させて相手の反応をうかがい、攻めのチャンスを引き寄せようとしている。

そこをちゃんと理解して真似をするのならいいが、たいていの人は勘違いして、うわべだけ真似をする。そんなプレーには何の意味もない。ただのハリボテだ。

同じことをやっているようでも、自分のプレーはまったく違うということに気づかなければいけない。そのためには、「俺のプレーは本当にチームのためになっているのか?」と自問自答し、自分のプレーをきちんとジャッジできるようになることが重要だ。

僕は若い選手のスマートさを否定しないが、サッカーには接触プレーもあり、スマートなプレーばかりで、できるわけではない。気持ちの強さがなければ戦いきれないスポーツだ。

スマートなプレーだけで満足することなく、技術、戦術、スピードがそれなりにある選手が、武骨さ、泥臭さ、愚直さを意識したプレーができるようになれば、敵なしなのかもしれない。

若い選手には、そういう姿を目指していってほしいと思っている。

終章
プロとしてどう生きるべきか

プロは年齢を感じさせてはならない

僕は四十年以上にわたるプロレスファンだ。アメリカのエンターテインメント性が強いプロレスよりも、リング上で熱い戦いをしてくれる日本のストロングスタイルに惹かれる。その代表でもある新日本プロレスが大好きだ。

プロレスラーは、お互いがお互いを高め合い、演出し合う。その自己プロデュース力はすごいと思う。どれだけいろんなものを積み上げてきてリングに立っているのかと、想像を掻き立てられる。当然ながら極限まで身体をシェイプさせ、試合で皆が見るに値する肉体をつくってリングに上がっていくのだ。

敵からの攻撃をよけずにしっかり受けながらも、受け身を取れるのか。最後の逆転につなげられるのか、そのままフォールされるのか。その身体と身体のぶつかり合いに感動する。

トップロープから飛んでくる相手を、「よければいいじゃん」と言う人もいるけれど、よけたら飛んだ選手がケガをする可能性もある。相手のすべてを、あえて受ける。そして、受けても最後は勝つ。そういう強さを見せてくれるところがプロレスの醍醐味だ。

第五章で触れたグレート小鹿さんは、かつて大日本プロレスという団体を旗揚げし、現在は、新潟県を中心に活動するプロレス団体「新潟プロレス」にも所属している。

二〇一九年四月末には、シマ重野《しげの》さんとタッグを組み、「新潟プロレス東区プラザホール大会」の初代タッグチャンピオン決定トーナメントに出場。みごとに優勝して王座につき、国内現役最高齢記録を更新した。その日は小鹿さんの七十七歳の誕生日。なんとなんと、〝喜寿《きじゅ》のタッグ王者〟の誕生だった。

会場には多くのファンが詰めかけていた。大日本プロレスと新潟プロレスが町を盛り上げる興行をしているのだ。プロレスから改めてパワーをもらった気分だった。

与えられた状況のなかで全力を出し尽くす。たとえ年齢のためにフィジカル面が落ちても、それを感じさせたら負けだ。僕も年齢を意識したくない。五十三歳という数字に寄りかかるような自分がいるのは悔しい。

五十三歳――。それは五十三年間生きてきた証ではあるけれど、一般常識にはめ込みたくはない。負けず嫌いな性格がそうさせるのか、自分に負けたくないというか、妥協だけはしたくない。妥協したら、その先がなくなってしまうのではないかという思いが、いつも心にあるのだ。

とはいえ、かなり厳しい闘いではあるが……。

ストレスがあることに感謝する

第五章で述べたように、僕の膝は専門医から人工関節を勧められるほど状態が悪い。

リハビリのおかげでかなり走れるようになり、複雑な動きも以前よりはできるようになったが、加齢とともに膝の寿命がどんどん短くなっていくことは確かだ。

それなのになぜ、トレーニングをするのか？　何に突き動かされているのか？

それは、サッカーで自分を表現できることに幸せを感じているからだ。

実際には、今の僕はちっとも幸せじゃない。

自分の思いどおりに走ってプレーできれば楽しいが、今はそれがめったにできないから、悔しくも苦しくもある。腹立たしさ、不甲斐なさ、情けなさも感じている。

でも、そういう感情がもてるのは、現役でプレーしようともがいているからこそ。その世界に足を踏み入れていなければ、味わうことができない。

幸せだと思わなきゃやっていけない、という部分もあるけれど、不甲斐ない姿や情けない姿も含めて、サッカーでありのままの自分を表現できる喜びは確かにある。そういう場を与えてもらえているのは、やはり幸せなことだと感じている。

ケガがストレスになっているのは、サッカーをやれているからだ。だから、「ああ、膝がもっとよくなってくれればいいのに」「もうちょっとここで足が伸ばせればいいのに」「股関節に柔軟性が出てくれば」とイライラすることもできる。それも現役だからこそ。そう思うと、ストレスがあること自体、感謝しなければならない。

僕にとってサッカーは、喜怒哀楽の感情をいちばん素直に表現でき、体現できる場所だ。素《す》のままの中山雅史が出てきて、ごまかしがきかない。

好きなサッカーをすることで感情を解放できるし、今より高いところを目指して向かっていけるのだから——。

この想いが、僕をトレーニングへと突き動かす原動力になっているのだ。

なぜ公式戦に出ないのか

僕がサッカーの練習を週二回できるようになったのは三年ほど前だ。

練習の強度をある程度上げられるようになると、「そろそろ試合出場を考えては？」という話が周囲から出てきた。リハビリチームからは、「二〇二〇年のシーズン中に、まずは後半残り十分にFWとして出場することを目指しましょう」とも言われた。

現状では、二十〜三十分間出場してピッチを走り回ったり、シュートで点を取ったりするのは難しいが、後半残り十分でヘディングで一点取るという形なら充分に可能だろう、というのがトレーナーの根城さんや鍼灸師の野田さんの見解だ。

ことに夏場は、冬よりも早く体温が上昇するので、比較的短時間のアップで膝のコラーゲンが温まり、痛みが少なくなって動きやすくなるから、その可能性は高くなるという。

しかし、「これならいけるのでは」という話が出るたびに、僕は自分でも気づかないまま練習でギリギリまで追い込みすぎたのか、膝とは違うところが痛くなって、「いや、もうちょっと時間をかけよう」ということになってしまう。ここ三年間はその繰り返しである。

ついオーバーワークしてしまうのは、試合に出るからには他の選手に迷惑をかけたくないからだ。僕が出てチームにブレーキをかけるわけにはいかない。そのレベルに達することができるかわからないが、そこに少しでも近づくために、他の選手以上に努力しなければいけない、という気持ちもある。

だからこそ、チームの皆が認めたうえで出場すべきだし、ピッチの上で人一倍走れるようになった自分をお客さんに見せたい、という想いもある。

今の僕はリハビリの別メニューに取り組んでいて、仲間と合流できない期間が長く続いている。だから自分としては、試合に出ることよりもまず、グラウンドで皆と合流することが目標だ。それが実現すれば、次の目標として「試合出場」を目指すことになるだろう。

アスルクラロ沼津に参加して現役復帰した時は、「こんな状態で復帰していいのかな?」と思いながらも、挑戦させてもらえることに心から感謝した。「仲間とともにピッチに立ちたい」という新たな目標も、「いつの日か試合に出場したい」という新たな欲も、このチームに受け入れてもらったことによって出てきた。

その恩返しの意味でも、チームの発展に少しでも寄与したいと思っている。プレー以外の部分で、チームの存在をより多くの人に知ってもらうための役割が、僕には当然期待されているはずだ。

アスルクラロ沼津は、静岡県内に誕生した四つ目のＪリーグクラブだ。静岡県中部にはもともと清水エスパルスがあり、藤枝ＭＹＦＣも新たに加わった。西部には僕の古巣のジュビロ磐田がある。そして二〇一七年、アスルクラロ沼津が東部初のＪリーグクラブとなった。このチームでプレーさせてもらうからには、クラブが多くの人から愛されるように力を尽くし、東部地区を盛り上げていきたいと思っている。

そのためには、僕自身がプレーでより高いものを出せなければいけない。Ｊ３とはいえ、当然レベルは高い。甘いもんじゃないということは僕にもよくわかっている。だからこそ、安易に「試合に出られますよ」とは言えない。

チームの発展に貢献しながら自分を鍛え、どこまで身体をつくり上げることができるかが、今の僕の最大の課題だ。

「伸びしろ」はないけど「しろ」はある

五十歳を過ぎてJリーグで現役を続けているのは、僕とカズさんだけだ。

「毎試合先発で九十分間出たい。そのつもりで練習している」と言うカズさんの挑戦と、僕自身の挑戦とはまったく違うものだが、大きな刺激をもらっている。

カズさんとの最初の出会いは、静岡で行われたユース年代の国際親善サッカーで、カズさんが当時所属していたサンパウロ（ブラジル）のチーム、ECキンゼ・デ・ジャウーの一員として来日していた時だ。DFとして出場していた僕は、跨《また》ぎフェイントでがんがん仕掛けてくる姿を見て「これが三浦知良かぁ。すげーな」と思ったものだ。その後、僕がヤマハ発動機に入ってすぐにブラジルに三カ月の短期留学をした時にも、サントスFCに所属するカズさんと一緒に食事をした。帰国する際、サンパウロのサウナで偶然出会い「俺も帰国するから」とカズさんに告げられた。Jリーグが開幕する三年前のことだった。

僕が一線を退く会見をした時には、

「さみしさというか、一緒に……ずっとやってきたのでね。あいつがいたから僕自身もここまで来れたと思いますし、やっぱりちょっとさみしさは感じます」

というありがたいコメントをいただいた。

僕が現役復帰して、二〇一六年四月二十四日、横浜ＦＣと練習試合をするために横浜ＦＣの西谷グラウンドに行ってアップをしていたところ、試合出場の予定のなかったカズさんが僕のところまでやってきてくれて熱い抱擁を交わした。会った時の儀式だ。

「若い人たちは元気だけど、俺たちはもっと元気だ」

と言っていたカズさんの姿が眩《まぶ》しかった。

トレーニングにしても、チームを常に高める力にしても、あそこまでやれる人はカズさん以外にいない。フィジカル的にもメンタル的にも、ものすごく大変だと思う。

「情熱があせないこと」が大前提になければ、過酷なトレーニングや食事管理に身体がついていけるかわからない。自分に対する冷静な判断と選択も必要だし、過去の自分との闘いもあるだろう。


ベテランといわれている選手は、情熱があせていないからこそ歳を重ねても活躍できるのだろう。そしてその姿は、チームからの信頼を得ることにもなる。

一方、若くして引退する選手の情熱があせているかといえば、そうではない、とも思う。ただ、情熱があったとしても、チームに必要とされなかったり、迸《ほとばし》る情熱は胸に抱えながらも、身体のコンディションがついていかず、第二の人生を踏み出す選手もいるはずだ。

フィジカルに問題を抱えると、情熱があっても今までと同じ練習、試合で最高のパフォーマンスを発揮することができなくなってしまう。そしてさまざまな葛藤が自らを支配していく。

一般論だが、三十代半ばになると、サッカーにかぎらず、日々の生活のなかで身体と心について二十代とは異なる変化が訪れることもある。

その変化と付き合いながら、時にパワーに変え、いろいろなことにチャレンジしていけるかどうかが大切になってくる。

このチャレンジは、自分に可能性があるかどうかを確認するためのものだから、「いろいろやったけど、可能性はありませんでした」という結果になるかもしれない。でも、可能性があるかないかは、挑戦しなければわからない。だからチャレンジを続けるしかない。

とはいうものの、僕は時々こう思うことがある。

「普通は可能性があるから挑戦するものなのに、俺はなんでこんなことやってるんだろう。バカだな……」と。

それでも挑戦をやめないのは、フィジカル的に余裕はなくても、気持ち的には余裕があるからかもしれない。

沼津の選手たちの練習を見ていると、「これぐらいのレベルや走力がないと同じピッチには立てないな。まだまだ自分には足りないものが多い」ということがわかる。普通はそこでメゲてしまい、「やったってしょうがない」と思うものだろう。

でも、僕はなぜか、そういうふうに思えない。「やってみれば何かあるんじゃないか？」と考える。結局は何もないかもしれないけど、本当にあるかどうか確かめたくなるのだ。

だから、気持ち的にはそれほど切羽詰まっていないのかもしれない。


序章でも述べたように、若い頃の僕は、サッカー選手としての実力が理想像よりだいぶ下だったが、「それは伸びしろが無限大にあるってことだ」と前向きにとらえていた。

この世に生を享《う》けて半世紀、今の僕はさすがにそんなとらえ方はしていない。

はっきり言って、今の僕にはもう、伸びしろはない。

でも、伸びしろはなくても「しろ」はある！

「糊《のり》しろ」とか「縫いしろ」と言うように、「しろ」とは「何かをするために必要な部分」のことだ。

サッカーをするために必要なその「しろ」をうまく使っていけば、ピーク時のような自分にはたどり着けないにしても、ちょっとずつ落差を埋めていくことは可能かもしれない。

それはそれでいいことだよな——。僕は、素直にそう思っている。

特別対談

「身体と心」について山中伸弥先生に訊いてみた

×

●ケガは動かしながら治す

中山 山中《やまなか》先生は市民ランナーとしても有名で、いろいろな大会に出場されていますね。自己ベストはどのくらいですか。

山中 三時間二十二分三十四秒です。二〇二〇年二月の京都マラソンで自己ベストを更新しました。

中山 三時間半を切るって相当ですよ！

山中 いやいや。僕も今年五十八歳になりますから、年齢との闘いです。

中山 若い頃にはラグビーをされていたとか。身体を動かすことが好きなんですか。

山中 もう、大好きで。中学、高校、大学の一年までは柔道をやっていたんですが、二年の時に膝の後十字靱帯《こうじゅうじじんたい》を切ってしまい、全学（大学全体）の柔道部は激しすぎるのでやめました。その後、膝がだいぶよくなってきたので、三年生になると医学部のラグビー部に入りました。

中山 膝がよくなってきたというのは、医学的にどういう改善があったんですか。

山中 中山さんはよくご存じだと思いますが、前《ぜん》十字靱帯と後十字靱帯は膝を前後に安定させ、回旋の制動にも重要な靱帯です。僕の場合は手術もしなかったので、いまだに膝は

中山　ちょっとグラグラしますけど、ケガから数カ月すると、なぜか普通に走れるようになったんです。それで三年間、ラグビーを一所懸命やりました。

山中　柔道よりラグビーのほうが激しいスポーツじゃないかと思うんですけど。

中山　そうですね。中山さんほどではないですが、僕もケガは多くて。これまでに十何回か骨折しています。

山中　一〇回以上もですか。

中山　はい。柔道をやっていた頃は、畳と畳の間に小指が挟まって五、六回折りました。ラグビーでは鼻や肋骨を折り、それに加えて走りすぎのために、今で言うシンスプリント（脛骨過労性骨膜炎《けいこつかろうせいこつまくえん》）という脛《すね》（シン：Shin）の痛みにも悩まされて……。ものすごく痛かったんですが、X線撮影をしても何も写っていなくて、周りからは「大袈裟だ」と思われていたみたいです。

山中　検査しても異常が何も見つからないと、非常に不安というか、イライラしますよね。「こんなに痛いのに、アプローチの方法が見つからないのか」と思うと、嫌になってしまいます。

中山　そうなんです。僕が所属していた医学部のラグビー部は、冬の間はオフで、三月ぐらいから練習が始まりました。冬にラグビーができるのは強いチームだけですから（笑）。

冬の間は自主トレでウエイトトレーニングに励んでいました。春になってチーム練習でダッシュを始めると、すぐに脛が痛くなって、一本走るたびに半泣き状態。なんでこんなに痛いんだろうと思って整形外科へ行っても、「X線写真では何もないから大丈夫。痛かったら休みなさい」などと言われるだけで、埒《らち》があかない。そこで自分で勉強しはじめて、これはシンスプリントだなと気づいたんです。

中山 当時は一九八〇年代で、日本ではスポーツ医学が一般的にはまだあまり認識されていませんでした。それで僕は、卒業したら絶対にスポーツ医学をやろうと心に誓い、整形外科医になったんです。今は違うことをやっていますけれど。

山中 山中先生のようなお医者さんがいると、アスリートはとても助かるんです。ご自身でスポーツを経験されているから、プレーヤーの考えをわかってくれるし、痛みに対する僕らの不安や疑問も、よく理解してくれるので。

中山 アスリートのほうとしては、痛くても練習は続けたい。練習しながらケガをいかに治すかが重要だと考えられると思うのですが、整形外科では「しばらく休んでください」と言われることが多いと思います。

山中 そうなんですよ。単に薬を出してくれるだけだったりするんです。

中山 休めばたしかに痛みは少しおさまりますが、練習を再開すると、またすぐに痛くなったりしますよね。僕はほぼ毎日走っていますが、今も膝がすごく痛いんです。

中山　先生も膝が痛いんですか！　それでもマラソンを走りきっちゃうんですね。

山中　昔よりシューズの性能がずいぶんよくなったので、痛みをごまかしながら走っています。

中山さんは今、チームを組んでリハビリをされていますね。僕、中山さんのリハビリ体験を読ませていただいて、ハッとしました。膝が痛いのは膝だけの問題ではなく、脚全体や股関節を含んだ問題なんだと再認識させられました。股関節がちゃんと動かないと、膝に無理がいく。整形外科医だった僕が言うのも恥ずかしいんですが、「ああ、そうだ。自分の膝の痛みも、股関節からちゃんと診ていかなくちゃいけないんだ」と思って。初心に戻りました。

中山　先生、そこ大事なんです！　僕が先生に言うのも失礼ですけど。専門医は当然、痛いところに焦点を当てて「悪いのはここだ」と言ってくれますけど、痛みの原因は別のところにあるっていうことを、僕はいろいろな治療を受けるなかで学びました。リハビリのスタッフや、お世話になった人たちから、股関節や足首を柔らかくすることによって膝への負担を減らせると言われて、「なるほど」と思ったんです。

山中　僕、ついつい痛いところばかりストレッチとかやっちゃうんです。「人間の身体には、たくさん動く関節と、あまり動かない関節が交互に並んでいる」（162ページ）というところも興味深く読ませていただきました。股関節はたくさん動いて、膝はあまり動かない、足首はたくさん動く……。本当にそうだなと思って。

中山　やっぱり身体というのは、全部がつながっているんですよね。それぞれの部位には役割があって、それらがバランスよくスムーズに動くのがいちばんいい。たくさんケガをしたので、僕はそう感じています。

山中　そうですね。僕が整形外科医だったのは短い期間でしたが、その時からのモットーは、「ケガは動かしながら治す」。骨折などはある程度安静にしなきゃ治りませんけど、いわゆるスポーツ障害、走りすぎや動かしすぎによる痛みは「動かしながら治すべきだ」というのが、僕にスポーツ医学を教えてくださった先生の信念でした。僕自身の信念でもあるんです。

中山　僕は休むのが怖いんです。歳をとってくると、休んでしまうと身体がリセットされちゃうじゃないですか。そこからケガをする前の状態に戻すまでがつらいから、悪いところに負荷がかからないように動かしながら回復を待つ、というのがいちばん大事かなと思ったりもします。それをやっていないと、不安でしょうがないんですよ。

山中　僕も自分を実験台にして「動かしながら治す」を実践しています。けっして休まない。

中山 じゃあ、僕がやってきたことは間違いじゃなかったということですよね！

山中 僕も同じことを勧めます。

中山 ありがとうございます！ やっぱりそうか。「中山・山中」ということで、先生とは何か通じるところがあるような気がしていたんですよ（笑）。

●iPS細胞で僕の半月板は再生できるんですか？

中山 僕は膝のケガで半月板を何度も削ってきたため、両膝の半月板がほとんどありません。それで骨同士が当たって、軟骨もかなりすり減っているんです。

山中 スポーツ選手の場合、半月板を傷めてしまうと、一〇〇パーセントの復帰というのはなかなか難しいようです。一時的によくなっても、その後またすぐに水が溜まったりしてしまうので。野球選手でも、半月板損傷のために引退を余儀なくされる方もいらっしゃいます。

中山 膝のケガにずっと悩まされてきたので、二〇〇七年に山中先生が率いる京大グループがヒトiPS細胞をつくったと報じられた時から、僕はiPS細胞を使った再生医療に非常に関心をもっていました。それから十三年が過ぎた今、iPS細胞を使った再生医療の研究がいろいろな分野で進み、ものすごく注目されていますよね。iPS細胞でつくった軟骨を、膝に移植する臨床研究も始まるという新聞記事を読みました。これはどういう研究なんですか？

山中 膝の関節軟骨がケガなどで傷んだ「膝関節軟骨損傷」の患者さんを対象にした臨床研究で、二〇二〇年中に京大病院で最初の移植を行う予定です。

関節というのは、二つの骨が擦り合わさって動いています。骨同士が擦り合う部分は、滑らかな軟骨で覆われているので、関節をスムーズに痛みなく動かせるわけですが、膝関節軟骨損傷の患者さんは、膝を動かしたり歩いたりする時に違和感や痛みを伴い、進行すると日常生活に支障が出てきてしまいます。その軟骨の傷んだ部分に、公益財団法人京都大学ｉＰＳ細胞研究財団に備蓄されている「ｉＰＳ細胞ストック」からつくった正常な軟骨を片膝のみに移植し、一年間、経過観察をして安全性を評価します。

中山 僕みたいに軟骨がかなりすり減っている人も対象になるんですか？

山中 今回の臨床研究は、軟骨の損傷面積が一〜五平方センチの範囲内で行います。初期の膝関節軟骨損傷では、軟骨の一部、一平方センチくらいが欠けてしまうケースがとても多いんです。

ただ、中山さんのように軟骨全体がすり減ってしまうと、ｉＰＳ細胞からつくる軟骨組織の量もすごいことになるので、現時点ではちょっと難しいと思います。

中山　僕は以前、軟骨をなんとかしたいと病院へ相談に行ったことがあるんですが、「損傷の範囲が広すぎる」と言われました。iPS細胞を使った再生は、どのぐらいがマックスですか？　二センチ×二センチぐらいまではいけるんですか？

山中　まずは一センチ×二センチぐらいですね。

中山　僕の損傷はそれよりたぶん広いので、もうちょっと待たないとダメですね。

山中　そうですね。でも、それだけ膝を傷めても、中山さんは今なお現役復帰を目指してピッチに立とうとなさっている。本当にすごいです。

中山　なかなかうまくいかなくて、いろんな人に助けてもらいながら試行錯誤しています。膝のリハビリでお世話になった先生から言われて、学校の理科室にあるような骸骨を、自分で動かしてみたこともあるんです。そうすると、普通に動かせば骨と骨が当たらないけど、ここがちょっと捻じれているから当たるんだ、といったことがわかりました。本来なら、捻じれている部分を正常な位置にもっていけば大丈夫なはずなんですが、今まで生きてきたなかで自分の動きに癖ができていて、どちらかに力が入りすぎていたり、変則的な動きをしていたりする。その癖を直して骨と骨が当たらなくなれば、痛くはならないんですよね？

山中　そのはずです。痛みがゼロにはならなくても、痛み方はずいぶん変わると思います。

中山 半月板もiPS細胞を使った再生は可能なんでしょうか？　可能だとしたら、何年後ぐらいになりますか？

山中 半月板は、まだまだ難しいです。なんせデリケートすぎるので……。関節の軟骨は骨の表面を覆うだけなので――と言ったら軟骨に失礼ですけど――、まだ修復しやすいんです。でも、半月板は大腿骨と脛骨の間に挟まっていて、関節にかかる体重の負荷を分散させたり、膝を動かす角度によって関節の位置をいちばんいい場所に安定させたり、かなり複雑な役割をしています。もちろん、目標としては半月板もiPS細胞を使って再生したいですし、けっして不可能とは思っていませんが。まずは関節表面ですね。今は骨と骨が直接当たって痛いけれど、関節軟骨があるだけでも、状況はずいぶん変わるような気はします。

中山 僕も、ぜんぜん違うだろうなと思います。あとは人工関節の手術がありますよね。それを今やろうとは思っていませんけど、この先、あまりにも膝の痛みがひどくなってしまったら、という気持ちもあります。でも、その時までにiPS細胞を使った軟骨の再生が可能になってくれれば、人工関節にしなくてもすむんじゃないか、という期待ももっているんです。

山中 なるほど、それはありますね。

中山　どっちが早いんですかね？　さきほどのお話では、膝関節軟骨の損傷箇所が広いと難しいということですが、広い損傷範囲をちょっとずつ埋めていくことは可能なんですか？

山中　全部は無理でも、いちばん痛みの原因になっているところだけ、局所局所で埋めていくという意味では、それもあり得ると思います。実際にどれぐらいの範囲で軟骨がなくなっているかにもよるとは思いますが。

人工関節も昔と比べてずいぶんよくなっていて、膝の場合、一般に耐用年数は十五〜二十年です。普通に走ったりするだけなら、人工関節にしている人はたくさんいると思います。ただ、サッカーはコンタクトスポーツなので、なかなか難しいかもしれませんが。

中山　海外ではコンタクトスポーツでも人工関節を入れている人がいるという話を、聞いたことがあるんですが。

山中　あるかもしれないですね。特にアメリカでは、人工関節に対する考え方が日本とかなり違いますから。アメリカには、人工関節の手術しかしない専門医、それも、膝専門とか、股関節以外はいっさいやらないといった超専門の医師がいるんです。日本と違って国民皆保険ではないので、お金はかなりかかるとは思いますが。

日本では人工関節に慎重になる感じがありますが、アメリカでは、アマチュアゴルファーでもどんどん人工関節にしています。僕の知り合いにもいますよ。日本だと、たいていは片膝ずつ入れますが、その人は「早くゴルフがやりたい」と、両方いっぺんに入れました。

中山　えっ、一気に⁉　マジですか？　僕も一気に両膝の内視鏡手術で仮骨《かこつ》を取ったことがありますけど、かなり過酷ですよ、一気は。

山中　僕も最初は信じられなかった。早くゴルフをやりたい一心で両方一気に入れて、以前よりよく飛ぶし、僕よりよっぽど上手なんで、腹立って（笑）。

●研究はマラソンと同じ。日々の努力はいつか報われる

中山　山中先生はスポーツ医学を目指していたのに、再生医療という別の世界に方向転換されました。よくその決心がつきましたよね。

山中　人生どうなるか、本当にわからないです。

中山　それまで培ってきたものも、再生医療に行き着くまでには役立っているんですよね。

山中　役に立っています。スポーツ医学は整形外科の一領域ですが、僕が医学部を卒業した一九八七年頃には、まだ整形外科のなかではマイナーなジャンルでした。「スポーツ外傷の患者さんを治したい！」と意気込んで国立大阪病院に研修医として入ったら、「なに

言ってるんだ、お前。まずは整形外科をしっかりやれ」ということになって。もちろん卒業したばかりなので、普通の整形外科の研修をみっちりやるのは当然なんですけど。僕が整形外科に対してもっていたのは、すごく明るいイメージでした。ケガをしたスポーツ選手を治して、またグラウンドに戻ってもらうという、明るい出口を夢見ていたんです。

でも、実際にはそういう患者さんばかりではなかった。脊髄《せきずい》損傷で動けなくなった方、骨肉腫《こつにくしゅ》で手足を切断する方、慢性関節リウマチで全身の関節が変形して痛みに苦しんでいる方など、重症の患者さんがたくさんおられて衝撃を受けました。僕の考えが甘かったんです。

手術も、自分で思っていたようりうまくないみたいで、指導医からは「ジャマナカ」と呼ばれました。「手術の邪魔ばかりするから、山中じゃなく邪魔中だ」と（笑）。治せない患者さんを将来治す可能性がある、基礎研究のほうにどんどん興味が出てきて。学生時代も少しは研究室に出入りしていたんですが、同じ医学でも臨床医学と基礎研究ではぜんぜん違うんです。臨床医学は、目の前の病気の方やケガをした患者さんをいかに治すか、毎日毎日が勝負。いろんな患者さんがいっぱいやってきて、治らない方もいますけれど、よくなる方もいるので、なんとなしに自分が役に立っている感も、時々はある。ただ、自由はあまりないんですよ。決まった薬をきちんと使わないとダメですし、手術ももちろん、やり方が決まっているし。
一方、基礎研究にはあんまり制約がないんです。自分でやり方を考え、どういう方法を使ってもいいし、どんな結果が出ても、それを楽しめる空気がある。臨床は患者さんにとってよい結果じゃないと楽しめませんが、実験では自分が期待していた結果じゃなくても、それが新しい発見につながったりして。その意味では、ものすごく自由です。

中山 どっちかというと、自分が予測したのと違う結果が出たほうが興味は湧きますよね。

山中 本当にそうなんです。予測した結果が出れば、もちろん嬉しいんですけど、「そこそこ嬉しい」だけで。

中山 そこそこ、ですか。

山中 いちばん嬉しいのは、予想外のことが起こって、なぜそうなったかがわかってくる時。今まで全然予想もできなかったことを、自分で明らかにできる。そういう醍醐味が研究には非常にあるんです。

中山 その醍醐味のある研究が、人の病《やまい》やケガを治すことに、じかにつながっているんですか。

山中 じかにつながることもあるし、すぐにはつながらなくても、二十年後、三十年後につながることもあります。僕たち研究者の仕事って、今日何が起こるかわからない。一日が予想しにくい仕事なんです。臨床医の時は、だいたい今日はこんな一日だろうと予想できて、その予想が外れると、あまりよくないんですよ。予想どおりにいくほうがいいんです。でも、研究は予想どおりにいかないほうがチャンス。そういうことをやっているうちに、自分には研究のほうが合っているんじゃないかなと思い、結局そのまま研究者になって今日まで続けているんです。

中山　でも、膨大な研究をするわけですよね。いろんなテスト、テスト、テストを重ねていって、何かを導き出す。先が見えないじゃないですか。それって、つらくないですか？

山中　時間感覚がちょっと違うんです。臨床をやっている時は、毎日何か結果が出るという感じだったんですが、研究では一つの実験の結果が出るまでに一カ月かかるのは当たり前ですし、プロジェクト全体の成果が出てくるまでに五年、十年という単位だったりしますから、時間の進み方が違うと言いますか。陸上競技にたとえれば、臨床は短距離走みたいな感じで、研究はマラソンに通じるものが、すごくありますね。

中山　なるほど。それで山中先生はマラソンにのめり込んだんですか。

山中　研究者にはマラソンをやっている人がけっこう多いんですよ。僕の周りでもいっぱい走ってます。マラソンって、レースに出るのは年に一、二回しかなくて、普段はコツコツ走っているだけですよね。その努力が報われない時も多いですけど、報われる時もある。研究も同じで、日々の実験がいつか報われることもあるということを、マラソンで経験させてもらっています。

中山 なるほど。達成感がやっぱり必要ですね。自分がやっていることに達成感を一回経験できれば、その次の挑戦もできるだろうし。それがないと、なかなか踏み込めないですよね。

山中 そうですね。今は新型コロナウイルス感染症の流行で、僕たちのような市民ランナーも、かなり厳しい時期です。もう年内のマラソン大会は全滅でしょうし、マラソンシーズンは三月ぐらいまでですが、来年の一月二月三月もちょっと厳しいんじゃないかな。一年か二年、まったくレースがないという状況になるかもしれません。今の僕みたいに、膝が痛いけれど走っているような状態だと、レースがあれば、とりあえずそこまで頑張ろうと思えるんですが。

中山 よくやりますね、膝が痛いのに。って、僕が言える立場のことじゃないし、どの口でそれを言うんだという感じですけど(笑)。僕も痛いながらリハビリやってますからね。

山中 レースの前に注射してもらうこともあるんです。注射はあんまりよくないとわかっていながら。

中山　すごいですね。やっぱり、そこに懸ける想いが、情熱が、そうさせるんですよね。

山中　市民ランナーとはいえ、皆、真剣ですからね。

中山　わかります、わかります。たぶん、人には「もうやめたほうがいいよ」って言うんだろうけど、自分に置き換えると違ってくるんですよね。

山中　そうそう、全然違いますよね。

●挫折や困難は飛翔への準備期間。「大変だった」で終わらせない！

中山　先生はいろいろな経験をされてきていますが、挫折の経験なんてないんじゃないですか？

山中　とんでもない、挫折の連続です。学生時代は両親が健在で、のほほんと生きていましたが、社会人になってすぐ、医者になることを勧めてくれた父が亡くなりました。それに、スポーツ医学を志して整形外科医になったのに、数年で逃げ出しました。これが一回目の挫折です。

その後、アメリカに留学してかなりうまくいったので、自分には研究の才能があるんじゃないかなと思って、意気揚々と日本に帰ってきました。ところが、研究は全然うまくいかない。もう一度臨床に戻ろうかなと、相当悩みました。

中山　それは挫折だったんですか？　それとも、自分の行く手を阻《はば》む壁だったんですか？

山中　アメリカから帰ってきてからしばらくは、研究用のネズミの世話に明け暮れて、「俺はいったい何をしてるんだろう」と思いましたね。三十代半ばの頃で、人生について考える年齢でもあったので、いろんな本を一所懸命読んだりしていました。

今振り返れば、そういう大変な時期って、次にジャンプするためにかがんでいたようなものだと思います。かがみ方が中途半端だと、あんまり飛べない。深くかがめばかがむほど、次に高く飛べますよね。だから今では、調子がいい時のほうが逆に心配になります。「次にどんな大変なことが起こるのか」と。むしろ、いろいろと問題があったりする時のほうが、「次は絶対にいいことがあるな。どんないいことがあるんだろう」と思ったりします。

中山　期待感が出てくるわけですね。

山中　そうです。「人間《じんかん》万事塞翁《さいおう》が馬」という言葉がありますよね。災いや幸福は転変きわまりないもので、災いも悲しむにあたらず、幸福も喜ぶにはあたらない。僕の大好きな言葉の一つです。本当にうまくいってない時のほうが、何か安心できる気がするんです。

中山　いろんなことを経験してきたからこそ、心が折れそうな時期に、自分のなかにあるさまざまな基礎部分を固め直して、次のジャンプに備えることができたわけですね。

山中　壁とか困難は、もちろんないに越したことはないですけど、困難や苦労に直面したからこそ、自分の成長もあったし、次のステップもあった、ということになりますか？

中山　僕は絶対にそう思いますね。研究に限らず、何でもそうだと思うんです。今、世界全体が新型コロナウイルスで本当に大変な目に遭っていますけれど、これで次の局面がよくならなければいけない。「大変だったね」で終わってしまったら意味がないですから。

山中　そうですね。今まで自由に行動できていたがゆえに、それが制限されて大変だと思いがちですけど、これを機に、今までとは違う行動で、なんとか不自由さを補おうという工夫が生まれることにもつながっているんだろうな、とも思います。

中山　そうですね。たとえば、こういうネット対談は以前ならあり得なかったと思います。僕、中山さんと京都でお会いするのを楽しみにしていたんです。でも、ＩＴの発達のおかげで、遠く離れていてもこうしてお話ができるのは、そんなに悪くないな、という気もします。

山中　僕も、ぜひ先生と一緒に走りたいと思っていたんです。その点は非常に残念ですが、やっぱりＩＴ環境は今まで以上に大切になってくるなと感じています。

中山　これからは、もう必須ですよね。たとえば、日本では以前から学校でオンライン授業をやろうと声はあがっていましたが、なかなか進んでこなかった。それが今回、必要に迫られて一気にどの学校でもやりだしたため、体調が悪くて学校を休みがちな子供さんも、家から授業に参加できるというメリットが改めて認識されました。

中山 テレビで観たのですが、登校拒否で何年間も学校に行けていなかった子供さんが、オンラインで初めて同級生と一緒に授業を受けて、「すごく楽しくてよかった。オンライン授業が終わってしまうのが、とても残念」と言ったそうです。登校できる子は登校し、何人かはオンラインで授業を受けても、僕はぜんぜんいいと思うんですけどね。

今は、人によって何が向いているのか、向いていないのかというのが、ものすごく細分化され、多様化してきているじゃないですか。大人になったら全部が全部そうはいかないのかもしれないけれど、子供のうちにいろいろなやり方を経験し、何を感じ取るかは、成長するうえでとても重要ですよね。そういう意味では、細分化してもいい部分がたくさんあると思うんです。

山中 おっしゃるとおりです。ある一つのやり方が全員にベストとは限らないですから。リモートワークでものすごい才能を発揮する人もいると思います。日本は横並び文化なので、特定のやり方に馴染む人はいいけれど、それに馴染めない人はいじめられてしまったり、ドロップアウトしたりというケースがけっこう多いような気もするんです。これを機に多様性に対応できるようになれば、大変な事態をプラスに変える一つのケースにもなると思います。

中山　仕事の内容によっては、会社に行かなくても充分に成り立つ部分は案外たくさんあるんだなと、ニュースを観て感じました。

山中　そういう多様性は、ぜひ今後も続いたらいいなと思います。

中山　その一方で、元に戻ってほしいと思うこともあります。このコロナ禍《か》で、プロスポーツは無観客試合という今までにないスタイルをとることになり、僕が籍を置いているアスルクラロ沼津も、お客さんなしで試合をしていました。
でも、プロスポーツって、やっぱりお客さんがいて成り立つものだろうなと思うんです。観客を入れるうえでの配慮や注意はもちろん必要ですけど、お客さんがいるといないとでは、スポーツの醍醐味がまったく変わってきますから。

山中　スポーツは無観客試合、さまざまなアーティストの方も、誰もいないところで演奏や演技をされて、それをウェブで届けるということをされていますけれど、やっぱり観客のダイレクトな反応が頑張りの源《みなもと》ですよね。僕らのような市民ランナーでも、走っていて沿道から応援してもらうだけで、モチベーションがぐんと上がりますから。

中山　そうですよね。何も応援がいらないんなら、深夜に一人で四二・一九五キロ測って走ればいいだけの話ですものね。でも、それじゃあ、やりがいがないんですよ。人とのつながりや自分自身の心の持ち方が、身体に与える影響って、かなりあると思うんで。

中山 一人で走って三時間二十二分なんて、とうてい無理。絶対に四時間以上かかります。

山中 ファンの声援というか、いろんな人たちが応援してくれることが大きな力になっていると、僕も感じます。それがあってこそのスポーツであり、さまざまな芸術活動なんだなって、つくづく思いますね。

中山 本当に、人の応援というのは、何ものにも代えがたいものですよね。

●再生医療の現在と今後の展望

中山 僕が今すごく興味があるのは膝ですけれど、iPS細胞っていうのは、膝の軟骨組織のほかに、いろんな臓器に通じているんですよね？

山中 そうです。脳ではパーキンソン病に、目では網膜や角膜の病気に、心臓では重症心不全に、血小板は再生不良性貧血にと、iPS細胞からつくった細胞を患者さんに協力していただいて移植する臨床試験が、すでに始まっています。ほかにも、脊髄、心臓、肝臓、腎臓、膵《すい》臓、がんの治療、血液をつくる研究なども進んでいます。

中山 血液をつくるんですか？

山中　はい。今、血液は献血でなんとかギリギリ足りていますが、日本みたいに少子高齢化が進むと、輸血の必要な高齢の患者さんがどんどん増えていき、献血してくれる若者はどんどん減っていきますから、誰がどう考えても足りなくなるんです。ですから、献血を補うものとして、iPS細胞から血小板とか赤血球をつくる研究も、たくさんの人がやっています。

中山　臨床試験というのは、自分たちの予想した成果が出てくることを期待して行うということですよね。

山中　そうですね。ただ、臨床試験が始まってからが本当に大変ですので、ようやく入り口に差し掛かったな、という感じです。「山登りでいえば何合目ですか?」と訊かれると、「五合目か六合目あたりです」とお答えしています。
五合目って、誰でも行けるんです。富士山は車でも行けますよね。準備が万全ならば、五合目まではたぶん行ける。でも、そこからが大変。僕も二、三年前に何度目かの富士登山をしましたが、五合目に行くと山頂が見えるんです。すぐそこに、ボールを投げたら届くんじゃないかっていうくらい近くに山頂が見えた。でも、実際に登っていくと、そこからがものすごく遠くて。特に最後の九合目とか九合五勺《ごしやく》目からは、這《は》い上がるような感じでした。

臨床試験も一緒で、ゴールが近づけば近づくほど、いろんな意味で大変になるんです。

中山 どういうことが大変になってくるんですか？

山中 まず安全性です。最初のうちは、数人の患者さんに協力していただいて安全性を調べ、だんだん患者さんの数を増やしていきます。すると、数人では大丈夫だったのが、一〇〇〇人にやってみたら一人ぐらい副作用が出るということも、確率的には起こり得ます。それでもう、実用化がダメになってしまうこともあるんです。

中山 患者さんのなかには、「そういう確率でもいい」と言う人もたぶんいると思うんですけど。そういう人に使うこともできないんですか？

山中 可能性としてはゼロではないでしょうが、日本の場合、医療には保険が適用されます。保険を適用してもらうには、国から認めてもらわないといけないのですが、その時に副作用が一〇〇〇人に一人出ると、かなり厳しいです。日本では昔、薬害による裁判が起きたり、逮捕者も出たりしているので、薬害に非常に敏感というか、薬の副作用に対してとても慎重なんです。

中山 iPS細胞からつくった細胞を、再生医療以外で使うこともありますか？

山中 大きく分けて二つあります。一つは創薬。iPS細胞から病気の状態を再現した細胞をつくり、治療薬の候補になりそうな物質を探ったり、候補薬の効き目や副作用などを試します。

もう一つは、治療法のない病気の原因や発症のメカニズムを解明することです。たとえば、新型コロナウイルスに感染しても、ほとんどの人は症状が出なかったり、熱だけだったりしますが、一部の人は非常に重い肺炎になり、なかには心臓までウイルスに感染して亡くなってしまう方もいます。同じウイルスなのに、どうして人によってそれだけ反応が違うのか、今のところまったくわかっていません。

そこで、新型コロナウイルスに感染しても症状がまったく出なかった方、症状は出たけれど回復した方、重症だった方の細胞からiPS細胞をつくり、それらのiPS細胞から肺の組織や心臓の細胞をつくって、そこにウイルスを感染させるという研究が、今行われています。

そうやって感染を再現すれば、重症の人の肺や心臓になぜウイルスが悪さをするのか、無症状の人にはなぜ悪さをしないのかの解明に役立てることができますし、その過程で、進行を抑える薬の開発もできるかもしれません。

中山　すごいですね。iPS細胞から心臓をつくるには、どれくらいの期間がかかりますか？

山中　ドクドク動く心臓そのものをつくるのは、なかなか難しいですが、心臓の細胞は一〜二週間でつくれます。

中山　その一〜二週間でできた細胞で、もう実験ができるということですか。

山中　はい。iPS細胞はいくらでも増やせますから、実験材料に困らない。それが利点です。

中山　なるほど。コロナとは別の話になりますが、実際に臓器がダメになった場合、その臓器をつくることはできるんですか？

山中　心臓とか腎臓全体の臓器そのものを、iPS細胞からつくるのはまだ無理です。ただ、心臓の細胞とか、腎臓や肝臓の組織、いわばミニ腎臓やミニ肝臓のようなものは、一ミリ四方ぐらいならつくれます。そういうものを何百個もつくって移植すると、臓器ではなくても腎臓の代わりや肝臓の代わりをするのではないかと言われています。臓器そのものをつくるには、まだ時間がかかりますが、ミニ臓器をつくって機能を再生するというところには、だいぶ近づいています。

中山　じゃあ、何年か先には、ミニ臓器の集合体がその働きをしてくれるかもしれない。そうなると、人はどんどん死ななくなるんですかね。

山中　全身を入れ替えたら死ななくなるかもしれないですけど、全身には何十兆個かの細胞がありますから、全部入れ替えるのはかなり大変でしょうね。

中山　でも、ずーっと先の未来には、そういうことも考えられるということですよね。

山中　僕たちが目指しているのは、いわゆる健康寿命を延ばすことです。単に寿命そのものを延ばすことが、いいのかどうか、ちょっとわからないですね。僕自身、十歳ぐらい若返って、マラソンを三時間切るぐらいならやってもいいですけど、もう一回医学部の受験からやり直せと言われたら、「いや、それはちょっと勘弁して」って思いますもの（笑）。

たぶん、人間の天寿は百二十歳ぐらいなんです。細胞って、どんどん入れ替わるんですけど、入れ替わるための元の細胞は、百二十年ぐらいでなくなってしまうことがわかっていますから。要は、百二十歳より長生きしたいかどうか、ということになります。

中山　なるほど。だいたい百二十歳がラインっていうことなんですね。僕、いちおう百五十歳をラインにしていたんですけど、百二十ですか（笑）。

山中　それが今の限界ですね。まずは百二十歳でサッカーをやることを目標にしてください。

中山　はい。じゃあそうします。再生医療の今後の展望っていうのは、どうなんですかね。

山中　再生医療というのはじつに幅広くて、ｉＰＳ細胞を使うものもありますし、それ以外に、ご本人の脂肪由来の細胞や、血液などを使うものもあります。大リーグなどでは、血小板などを使う再生医療はかなり行われているようなので、それなりの効果があるということだと思います。

そもそも再生医療には二つの意味があります。一つは、移植した細胞が生着《せいちゃく》し、そこで機能を果たすというもの。さきほどお話しした膝関節の軟骨もそうです。これが、僕たちの目指している再生医療です。

もう一つは、体内に入れた細胞はやがてなくなってしまうけれど、その細胞が一時的にいろいろなよい物質を出し、その物質が外傷とかケガの修復を早めるというものです。そういう効果がある細胞を入れるわけです。こちらのタイプの再生医療は、今もうだいぶ応用されていますし、iPS細胞でも、そういう使い方が一部はされています。

中山 二つ目におっしゃったのは、PRP療法（多血小板血漿《けっしょう》療法。自分の血液中に含まれる血小板の成長因子がもつ組織修復能力を利用して、本来備わっている治癒力を高める再生医療）という治療法ですか？　僕、アキレス腱の治療でそれをやったんですが。

山中 はい、PRPも含みます。そうですか、中山さんもされたんですね。

ひとことで再生医療といっても、ずいぶんと意味は広いです。たとえば今、大阪大学で行われている治験は、iPS細胞からつくった「心筋シート」と呼ばれるシート状の心臓の細胞を、重症心不全の患者さんの心臓に貼りつけるんです。貼りつけた「心筋シート」は三カ月ぐらいでなくなってしまうんですが、その三カ月の間に心臓を守るような物質をいっぱい出すので、ご自身の心臓の修復を助ける。そういうことを期待しています。

中山　一方、慶應義塾大学や京大では、移植した心臓の細胞が患者さんの心臓と相まって、一緒に収縮するという治療を目指しています。どちらも心臓の病気を治すための再生医療ですが、考え方はちょっと違うんですね。

山中　なるほど。再生医療っていうのは、じつに意味が広いんですね。患者さんとしては、正常に臓器が働いてくれて、健康体になれればいいわけですけど。

中山　おっしゃるとおりです。

山中　アプローチは違っても、それぞれの再生医療が進んでいくことが大切ですよね。

はい。患者さんは一人ひとり皆違いますから、その人その人に最適な治療が行えるようになるのが理想です。「個別化医療」と言われるものですね。

中山さんは昔、サッカー選手の職業病みたいなグロインペインに悩まれたと伺っています。グロインペインも、原因は人によってかなり違うと思うんです。同じ病名でも、その人に合った治療を選択しないと、ある選手に最適だったことが、違う選手に最適とは限らない。そういう治療のオプションを、いろいろと増やしていくことが大切だと考えています。

中山　山中先生って、どんな質問にも答えてくれるし、納得させてくれる。いいっすよね！

いつもそばにいてほしいです、先生に。申し訳ないです。初対面なのに、こんなこと言ってしまって。

山中 いえいえ（笑）。

中山 iPS細胞からつくった軟骨の膝移植が、一日も早く実用化するよう、期待しています。そしていつか半月板の再生も……。またいつか、最新のお話を聞かせてください。

山中 頑張ります。中山さんもリハビリ頑張ってください。ご活躍をお祈りしております。

※この対談は、二〇二〇年六月二十五日オンラインで行われた。

おわりに

本書で初めて山中伸弥《しんや》先生と対談をさせていただき、再生医療の限りない可能性を改めて感じるとともに、山中先生も今日までさまざまな試練を乗り越えて来られたことがわかった。

振り返ってみれば、僕はまだまだ自分で納得のいくような「再起」はできていない。

ただ、チャレンジしなければ何も始まらないし、何も起きないし、起こせない。

チャレンジの先には、未知の世界が広がっている。

あえて本書のタイトルを『再起は何度でもできる』としたのは、自分自身への叱咤激励の気持ちを込めてのことである。

そして、どんな閉塞状況にあっても人とのつながりのなかで頑張っていきたい、という想いも込めた。

皆さんの歓声に包まれてプレーできる日を夢見ている自分がいる。

が、しかし、今を着実に歩んでいくために、そこに固執しすぎないようにしている自分もいる。

結果がどういうものになっても、受け止める覚悟はできている。

たとえ、結果が他の人からは失敗や失望に見え、一般的なハッピーエンドじゃなくても、高いところにある目標に向かって歩み続けていきたい。

歩みを進めていく先に見える現実は、僕にとってはすべてがハッピーエンドなのだから！

中山雅史

二〇二〇年八月

編集協力――岡村啓嗣
竹内恵子
装丁写真――荒川雅臣
装丁――一瀬錠二（Art of NOISE）
帯表4写真――Koji Watanabe/Getty Images
197ページ右写真――京都大学iPS細胞研究所

〈著者略歴〉
中山雅史（なかやま・まさし）
サッカー選手、サッカー解説者。
1967年９月生まれ。静岡県立藤枝東高等学校、筑波大学を経て、1990年に日本サッカーリーグのヤマハ発動機サッカー部（現・ジュビロ磐田）に入団。Ｊ１歴代最多の157得点を記録（当時）し、98年に最優秀選手（MVP）、同年と2000年には得点王に輝く。日本代表としても通算53試合で21得点。98年フランスW杯、2002年日韓W杯の２大会に出場し、98年フランスW杯のジャマイカ戦で日本人選手として史上初ゴールを決めた。2010年、コンサドーレ札幌に移籍。2012年、一線を退くことを発表。2015年９月、ＪＦＬアスルクラロ沼津と契約を結ぶ。2020年３月14日、現役Ｊリーガーとして初となるＳ級コーチライセンスを取得する。テレビ朝日「報道ステーション」のスポーツキャスター等を務める。

再起は何度でもできる

2020年10月８日　第１版第１刷発行

著　者　中山雅史
発行者　後藤淳一
発行所　株式会社ＰＨＰ研究所
東京本部　〒135-8137　江東区豊洲5-6-52
第四制作部　☎03-3520-9614（編集）
普及部　☎03-3520-9630（販売）
京都本部　〒601-8411　京都市南区西九条北ノ内町11
PHP INTERFACE　https://www.php.co.jp/

制作協力
組　版　株式会社PHPエディターズ・グループ
印刷所　大日本印刷株式会社
製本所　東京美術紙工協業組合

ISBN978-4-569-84741-2

PHPの本

理不尽に勝つ

平尾誠二 著

壁は自分の中にある。ラグビー人生で鍛えられた、理不尽に打ち勝つ力。瞬間の判断力を磨き、人として成長する方法を明らかにする。

定価 本体一、三〇〇円（税別）